KB104178

내 안의 나를 키우는
도덕경

[일러두기]

이 책은 600여 종이 넘는 『도덕경』의 주석서 중 최초의 주석서이면서 가장 온전한 책인 『노자도덕경하상공장구(老子道德經河上公章句)』를 우리말로 옮겼습니다. 본문에서 굵은 서체로 된 문장은 『도덕경(道德經)』의 원문이고, 일반 서체로 된 문장은 하상공(河上公)이 붙인 주석(註釋)입니다.

일상과 이상을 이어주는 책 ────

일상이상

내 안의 나를 키우는
도덕경

ⓒ 2018, 최상용

초판 1쇄 펴낸날 · 2018년 3월 5일
초판 2쇄 펴낸날 · 2019년 3월 20일
펴낸이 · 이효순 | 펴낸곳 · 일상과 이상 | 출판등록 · 제300-2009-112호
편집인 · 김종필
주소 · 경기도 고양시 일산서구 일현로 140 112-301
전화 · 070-7787-7931 | 팩스 · 031-911-7931
이메일 · fkafka98@gmail.com
ISBN 978-89-98453-51-0 (03150)

옛글의
향기 4

내 안의 나를 키우는

도덕경

道德經

날마다 나를 키우는 길이 보인다

노자 지음 ― 최상용 옮김

노자도덕경
하상공장구
老子道德經
河上公章句

일상이상

卷 2 노자도덕경하상공장구 89

卷3 노자도덕경하상공장구 _{권3} 171

『도덕경』을 소설처럼 쉽고 재미있게 읽기 위해

『도덕경(道德經)』은 동양고전 중에서도 예나 지금이나 많은 사람들에게 읽혀지면서, 삶의 나침반을 세우고 살아가는 데 많은 도움을 주고 있습니다. 모두 81장으로 구성된 『도덕경』은 5천여 자에 불과하지만 다양한 내용을 함축하고 있습니다. 그중에서도 노자가 가장 중요하게 여긴 것은 무위자연(無爲自然)과 복귀무극(復歸無極)이라 할 수 있습니다. 노자의 이 사상은 도가 추종자는 물론 도교 수련가들에게 2천여 년이 지난 지금도 영감과 함께 심신의 수행의지를 북돋아주고 있습니다.

노자의 『도덕경』은 자연생태론적 입장을 견지하며 마음을 일깨우는 '철학서'인데, 특히 한(漢)나라 문제(文帝) 때 하상공(河上公)에 의해 지어졌다고 하는 『노자도덕경하상공장구(老子道德經河上公章句)』는 최초의 주석서이면서도 오늘날까지 전해 오는 가장 온전한 문헌입니다. 『하상공장구』는 동양 최고의 의학서인 『황제내경(黃帝內經)』의 의학적 바탕과 『도덕경』의 사상에 기반한 황로학(黃老學)을 응용하며 '몸의 사용법'에 대해 상세히 설명하고 있습니다.

그래서였는지 600여 종이 넘는 『도덕경』의 주석서 중에서도 『하상공장구』를 지난 2천여 년간 가장 많은 사람들이 읽고 있습니다. 특히 당나라 시기까지는 도사(道士)를 뽑는 고시의 필수과목이었을 뿐만 아니라 수많은 문학작품은 물론 수련 관련 문헌들에서도 하상공의 주석을 인용하기도 하였습니다.

필자는 많은 주석서 중에서도 『하상공장구』가 심신수양은 물론 위정자 및 지도자들을 위한 안내자로서 옛사람이나 현대인에게도 훌륭한 지침서가 될 수 있다고 생각해, 지난 10여 년간 필자의 블로그 '옛글의 향기와 삶(https://choisy1227.blog.me/)'에 번역문을 올려 왔습니다.

하상공의 의도를 가능한 올바로 전달하기 위해 원문에 충실히 번역하고자 했고, 1년여 전에 필자가 내놓은 책인 『내 안의 나를 깨우는 장자莊子(3권 내편·외편·잡편)』와 마찬가지로 각주나 해설 등을 생략한 채 읽어도 『도덕경』 원문에 담긴 본연의 뜻을 이해하는 데 아무런 어려움이 없도록 했습니다. 더 나아가서 보다 쉽게 읽을 수 있도록 우리말로 최대한 풀어 썼으며, 딱딱한 문어체 대신 다감한 구어체로 이야기하듯 문장을 전개했습니다. 따라서 『도덕경』을 처음 읽는 분들도 어렵지 않게 읽을 수 있을 것입니다.

이 책을 통해 많은 분들이 몸과 마음이 단단해지는 지혜의 샘물을 길어 올리길 바랍니다.

2018년 1월
휴심재(休心齋)에서 죽곡(竹谷) 최상용(崔相鎔)

노자도덕경하상공장구

권1

卷
1

가장 좋은 것은 물과 같습니다.

上善若水.

가장 좋은 사람은 물과 같은 성품을 지닙니다.

上善之人, 如水之性.

물은 만물을 아주 이롭게 하면서도 다투지 않고,

水善利萬物而不爭,

물은 하늘에서는 안개와 이슬이 되고, 땅에서는 강물의 근원인 샘이 됩니다.

水在天爲霧露, 在地爲泉源也.

많은 사람들이 싫어하는 곳에 머물기도 하며,

處衆人之所惡,

많은 사람들은 낮고 습하며 더럽고 흐린 곳을 싫어하지만, 물은 홀로 고요히 흘러 들어 그런 곳에 머무릅니다.

衆人惡卑濕垢濁, 水獨靜流居之也.

그러므로 물은 도에 가깝습니다.

故幾於道.

물의 성품은 거의 도와 같습니다.

水性幾於道同.

제1장　도를 체득할 수 있음

체도(體道)

도를 말할 수 있는 도는,

道可道,

경서에 관한 학술이나 정치와 종교에서 언급한 도를 말합니다.

謂經術政教之道也.

영원한 도가 아닙니다.

非常道.

저절로 그러한 장생의 도가 아니라는 겁니다. 영원한 도는 마땅히 인위적으로 하는 일이 없는 무위로써 신을 함양하고, 아무 일도 없게 하여 백성을 편안케 하며, 밝고 빛남을 함장하고, 그 자취나 단서를 없애거나 숨기니 말로써 뭐라 칭할 수가 없습니다.

非自然長生之道也. 常道當以無爲養神, 無事安民, 含光藏暉, 滅迹匿端, 不可稱道.

이름을 이름으로 부를 수 있으면,

名可名,

부귀영달과 같은 세속의 높이 드러난 이름을 말한 겁니다.

謂富貴尊榮, 高世之名也.

영원한 이름이 아닙니다.

非常名.

저절로 그렇게 영원히 존재하는 이름이 아니라는 겁니다. 영원한 이름은 아직 말을 하지 못하는 갓난아이나, 아직 부화되지 않은 달걀이나, 조개 속에 있는 진주나, 돌 틈 속의 아름다운 옥과 같은 것으로 안에서는 밝게 빛나지만 겉모습은 우둔한 것처럼 보인답니다.

非自然常在之名也. 常名當如嬰兒之未言, 雞子之未分, 明珠在蚌中, 美玉處石間, 內雖昭昭, 外如愚頑.

이름 붙일 수 없는 것이 천지의 시작이고,

無名, 天地之始,

이름 붙일 수 없는 것을 도라 말하며, 도는 형체가 없기 때문에 이름으로 부를 수도 없는 겁니다. 시작은 도의 근본으로 기를 품고 변화를 펼치며 텅 빈 허무에서 나와 천지의 근본적인 시작이 됩니다.

無名者謂道, 道無形, 故不可名也. 始者道本也, 吐氣布化, 出於虛無, 爲天地本始也.

이름 붙일 수 있는 것은 만물의 어머니입니다.

有名, 萬物之母.

이름 붙일 수 있는 것을 천지라 말합니다. 천지에는 형체와 위치가 있고, 음과 양이 있으며, 부드러움과 강직함이 있으니 이 때문에 이름을 붙일 수 있습니다. 만물의 어머니라는 것은 천지가 기를 품어 만물을 낳고 장대하게 성숙시키는 것이 마치 어머니가 자식을 기르는 것과 같기 때문입니다.

有名謂天地. 天地有形位, 有陰陽有柔剛, 是其有名也. 萬物母者, 天地含氣生萬物, 長大成熟, 如母之養子也.

그러므로 항상 욕심이 없으면 그 요체를 관찰할 수 있고,

故常無欲, 以觀其妙,

묘(妙)는 요체라는 의미입니다. 사람이 항상 욕심내는 마음이 없으면 도의 요체를 관찰할 수 있는데, 요체는 하나(一)를 말합니다. 하나에서 나와 펼쳐지니 도라고 이름하는 것이며, 옳고 그름을 뚜렷하게 밝힐 수 있는 겁니다.

妙, 要也. 人常能無欲, 則可以觀道之要, 要謂一也. 一出布名道, 讚敍明是非.

항상 욕심이 있으면 그 되돌아감만을 볼 수 있을 뿐입니다.

常有欲, 以觀其徼.

요(徼)는 되돌아간다는 의미입니다. 항상 욕심내는 사람은 세속의 되돌아가는 형편만을 볼 수 있을 뿐이라는 겁니다.

徼, 歸也. 常有欲之人, 可以觀世俗之所歸趣也.

이 둘은 같은 곳에서 나왔지만 그 이름을 달리합니다.

此兩者, 同出而異名.

둘이라는 것은 유욕과 무욕을 말합니다. 같은 곳에서 나왔다는 것은 사람의 마음속에서 같이 나왔다는 겁니다. 그 이름을 달리한다는 것은 붙여진 이름이 각각 다르다는 것이죠. 명예 같은 것에 욕심내지 않는 사람은 오래 살 수 있고, 명예를 욕심내는 사람은 그 몸을 망칠 수 있다는 겁니다.

兩者, 謂有欲無欲也. 同出者, 同出人心也. 而異名者, 所名各異也. 名無欲者長存, 名有欲者亡身也.

그 같은 곳을 일러 하늘이라 하며,

同謂之玄,

현(玄)은 하늘을 의미합니다. 욕심내는 사람이나 욕심내지 않는 사람 모두 하늘에서 함께 기를 받았음을 말하는 겁니다.

玄, 天也. 言有欲之人與無欲之人, 同受氣於天也.

하늘 가운데 또 하늘이 있으니,

玄之又玄,

하늘 가운데 다시 하늘이 있습니다. 하늘에서 기를 내려 받을 때 두텁고 엷음이 있으니 조화로운 자액을 받으면 현인과 성인을 낳고, 어지럽고 오염된 탁기를 받으면 탐욕스럽고 음탕한 어리석은 이를 낳습니다.

天中復有天也. 稟氣有厚薄, 得中和滋液則生賢聖, 得錯亂污辱則生貪淫也.

만물을 내는 미묘한 문입니다.

衆妙之門.

하늘 가운데 다시 하늘이 있을 수 있고, 그 하늘에서 기를 내려 받을 때 두텁고 엷음이 있으니 오욕칠정을 제거하고 중화를 지켜낸다면, 이를 도(道)라는 요체의 문호를 안다고 말할 수 있을 겁니다.

能之天中復有天, 稟氣有厚薄, 除情去欲守中和, 是謂知道要之門戶也.

제2장　　심신의 수양법
양신(養身)

천하 사람들이 모두 아름다움의 아름다움을 안다고 하지만,

天下皆知美之爲美,

스스로 자기의 아름다움을 들춰 올려 휘황찬란하게 드러내고자
함입니다.
自揚己美, 使顯彰也.

이는 추함일 뿐입니다.
斯惡已.
위태로움과 망령됨이 있을 뿐이죠.
有危亡也.

천하 사람들이 모두 선한 일의 선함을 안다고 하지만,
皆知善之爲善,
공로와 명예를 위하는 것일 뿐이죠.
有功名也.

이는 진정 선한 일이 아닐 뿐입니다.
斯不善已.
사람들이 서로 다투는 양상일 뿐입니다.
人所爭也.

그러므로 드러난 것과 드러나지 않는 것은 서로를 낳고,
故有無相生,
드러남이 있으면 없어지게 됩니다.
見有而爲無也.

어려운 일과 쉬운 일들이 서로 이루어지며,

難易相成,

어려운 일도 쉬워지게 됩니다.

見難而爲易也.

길고 짧은 것은 서로 형성되고,

長短相形,

짧은 것도 길어지게 됩니다.

見短而爲長也.

높고 낮음에 따라 서로 기울어지며,

高下相傾,

높은 것도 낮아지게 됩니다.

見高而爲下也.

음악과 소리가 서로 조화를 이루고,

音聲相和,

위에서 노래하면 아래에서도 반드시 화음을 이룹니다.

上唱下必和也.

앞에서든 뒤에서든 서로를 따릅니다.

前後相隨.

위에서 먼저 행하면 아래에서도 반드시 따르게 됩니다.

上行下必隨也.

이 때문에 성인은 텅 빈 마음의 무위로써 일을 하며,
是以聖人處無爲之事,

도로써 다스립니다.
以道治也.

말 없는 가르침으로 행동하고,
行不言之教,

몸(행동)으로써 가르치며 이끕니다.
以身師導之也.

만물이 스스로 태어나도 말하지 않습니다.
萬物作焉而不辭.

각각 스스로 움직이므로 사양하거나 사례를 하며 거슬러 멈추지
도 않습니다.
各自動作, 不辭謝而逆止.

낳았으면서도 소유하지 않고,
生而不有,

원기는 만물을 낳았지만 소유하려 하지 않습니다.
元氣生萬物而不有.

일을 하였으면서도 자랑하지 않으며,

爲而不恃,

도는 베풀고 한 일에 대해 그 보답을 바라지 않습니다.

道所施爲, 不恃望其報也.

공로를 이루었어도 거기에 머물지 않습니다.

功成而弗居.

공로를 이루고 일을 성취하였어도, 물러나 피하여 그 자리에 머물지 않습니다.

功成事就, 退避不居其位.

오직 자리에 연연하지 않으니,

夫唯弗居,

오직 공로를 이루었어도 그 자리에 머물지 않습니다.

夫唯功成不居其位.

이 때문에 잃지 않습니다.

是以不去.

천복과 덕성이 항상 곁에 있어 그 몸을 떠나지 않습니다. 이는 행하지 않으면 따를 수 없고, 말하지 않으면 알 수 없음을 말한 것이죠. 위의 여섯 구절은 높음과 낮음, 길고 짧음을 말하고 있는데, 군주가 하나의 근원적인 일을 펼치면 아래 백성들에게는 백여 가지 일거리가 생기지만, 백성들의 일거리에 변고가 생기면 폭동과 반란이 일어납니다.

福德常在, 不去其身也. 此言不行不可隨, 不言不可知矣. 上六句有
高下長短, 君開一源, 下生百端, 百端之變, 無不動亂.

제3장 　　백성을 편안하게 하는 법
안민(安民)

현명함을 숭상하지 않으니,

不尚賢,

여기서의 현명함이란 세속적인 현명함을 말하는 것으로, 입으로
는 말을 잘하고 문장에만 밝아 도를 떠나 권리를 행사하며 본질은
저버리고 꾸미기만 하는 겁니다. 숭상하지 않는다는 것은 봉급이
많다고 우대하지 않으며, 관직이 높다고 귀하게 여기지 않는다는
것이죠.

賢謂世俗之賢, 辯口明文, 離道行權, 去質爲文也. 不尚者, 不貴之
以祿, 不貴之以官也.

백성들은 다투지 않습니다.

使民不爭.

공로와 명예를 다투지 않고 자연스러운 삶으로 돌아간다는 겁
니다.

不爭功名, 返自然也.

얻기 어려운 재화를 귀하게 여기지 않으니,

不貴難得之貨,

임금이 진귀한 보물을 지니는 것을 좋아하지 않고 황금을 산에 버리거나 진주와 옥을 연못에 던져버린 것과 같은 것을 말한 겁니다.

言人君不御好珍寶, 黃金棄於山, 珠玉捐於淵也.

백성들은 도둑이 되지 않습니다.

使民不爲盜.

위에서부터 맑고 고요한 마음으로 변화하면, 아래 백성들도 탐욕스러운 사람이 없어집니다.

上化淸靜, 下無貪人.

욕심을 드러내지 않으니,

不見可欲,

정나라의 질펀한 음악을 금지하고 아첨꾼을 멀리하라는 겁니다.

放鄭聲, 遠佞人.

마음이 어지럽지 않게 됩니다.

使心不亂.

사특하거나 음란하지 않고, 유혹되거나 혼란스럽지 않게 됩니다.

不邪淫, 不惑亂也.

이 때문에 성인의 다스림은,

是以聖人之治,

성인이 나라를 다스리거나 몸을 다스림이 같음을 말하고 있습니다.

說聖人治國與治身也.

그 마음을 텅 비우고,

虛其心,

자기만 즐기는 욕심을 없애면 혼란스럽고 번잡함이 자연스레 사라집니다.

除嗜欲, 去煩亂.

그 아랫배(하단전)를 튼실하게 하며,

實其腹,

도를 가슴에 품고 한결같이 감싸 안으니, 오장육부의 조화로움이 유지됩니다.

懷道抱一, 守五神也.

그 겉치레의 의지를 부드럽게 하니,

弱其志,

조화롭고 부드러우며 겸손하고 사양하며, 권력의 자리엔 머무르지도 않습니다.

和柔謙讓, 不處權也.

그 내실의 뼈가 강하게 됩니다.

强其骨.

정수를 아껴 애정행각을 신중하게 하니, 골수가 충만하고 뼈가 튼튼해집니다.

愛精重施, 髓滿骨堅.

항상 백성들로 하여금 쓸데없는 지식이나 욕심을 내지 않게 해야 합니다.

常使民無知無欲.

소박함으로 되돌리고 유순함을 지키게 합니다.

返朴守淳.

지혜롭다고 여기는 사람들로 하여금 감히 어떤 일을 꾸미지 못하게 해야 합니다.

使夫智者不敢爲也.

생각하고 고려함이 깊어지니 가볍게 말하지 않게 됩니다.

思慮深, 不輕言.

사사로움이 없는 무위로써 행하면,

爲無爲,

사사로이 조작하지 않고 순리에 따라 움직이게 해야 합니다.

不造作, 動因循.

다스려지지 않는 것이 없을 겁니다.

則無不治.

덕으로 돈후하게 교화하니 백성들은 편안하게 됩니다.

德化厚, 百姓安.

도는 텅 빈 것을 쓰임으로 하니,

道沖而用之,

충(沖)은 가운데가 텅 빈 것입니다. 도는 명예를 숨기고 감추니, 그 쓰임은 텅 빈 가운데에 있습니다.

沖, 中也. 道匿名藏譽, 其用在中.

항상 가득 차 있지 않으며,

或不盈,

혹(或)은 항상이라는 의미입니다. 도는 항상 겸손하고 비어 있어 가득 채우지 않는 겁니다.

或, 常也. 道常謙虛不盈滿.

(언제든 계곡물을 받아들이는) 호수로 만물의 종가와 같습니다.

淵乎似萬物之宗.

도의 호수는 그 깊이를 알 수 없으니, 만물의 본원인 종조와 같습니다.

道淵深不可知, 似爲萬物之宗祖.

그 앞으로 나아감만을 멈추고,

挫其銳,

예(銳)는 나아간다는 의미입니다. 사람들은 정력을 앞세우고 나아가 공로와 명예를 취하고자 하지만, 마땅히 그 욕심을 꺾고 도를 본받아 스스로를 드러내지 않아야 합니다.

銳, 進也. 人欲銳精進取功名, 當挫止之, 法道不自見也.

그 맺힌 한을 풀며,

解其紛,

분(紛)은 맺힌 한이라는 의미입니다. 마땅히 인위적으로 하는 일이 없는 무위의 도를 생각하며 풀고 풀어야 합니다.

紛, 結恨也. 當念道無爲以解釋.

그 빛남을 부드럽게 하고,

和其光,

비록 혼자만 밝게 도드라질지라도 어둡고 우매한 척해야지, 그 빛남으로 다른 사람들을 혼란스럽게 해서는 안 됨을 말한 겁니다.

言雖有獨見之明, 當如闇昧, 不當以曜亂人也.

세속과 함께해야 합니다.

同其塵.

일반 백성들과 더불어 세속에서 어울려야지 자신만을 특별하게 구별해서는 안 됩니다.

當與衆庶同垢塵, 不當自別殊.

마치 있는 듯 없는 듯 더불어 즐겨야 합니다.

湛兮似若存.

더불어 자연스럽게 즐겨 안정되었기 때문에 도태되지 않고 오래 살 수 있음을 말한 겁니다.

言當湛然安靜, 故能長存不亡.

나는 그것이 누구의 자식인지 알지 못하지만,

吾不知誰之子,

노자는 "나는 도가 어디로부터 생겼는지 모른다"고 말하였습니다.

老子言: 我不知道所從生.

아마도 천제(天帝)보다는 선대(先代)인 것 같습니다.

象帝之先.

도가 천제의 전대(前代)인 것 같으니, 이는 곧 도가 천지보다 먼저 생겼음을 말한 겁니다. 도가 지금까지 존재할 수 있었던 것은 편안하고 고요히 자연스럽게 즐기며 애쓰거나 번뇌하지 않았기 때문이죠. 이는 사람들로 하여금 자신들이 수양을 할 때는 도를 본받게 하고자 했기 때문일 겁니다.

道似在天帝之前, 此言道乃先天地之生也. 至今在者, 以能安靜湛然, 不勞煩. 欲使人修身法道.

제5장 텅 비움의 유용함
허용(虛用)

하늘과 땅은 어질지 않아서,

天地不仁,

하늘은 베풀고 땅은 변화시키지만 어짊과 은혜로써 하는 게 아니라 스스로 그러함(자연스러움)에 맡기는 겁니다.

天施地化, 不以仁恩, 任自然也.

만물을 풀이나 개처럼 여깁니다.

以萬物爲芻狗.

천지는 만물을 낳았는데 사람들은 스스로를 가장 귀하다고 여기지만, 천지는 풀이나 개나 같은 것으로 보고서, 그 보답을 바라거나 책임을 지우지도 않습니다.

天地生萬物, 人最爲貴, 天地視之如芻草狗畜, 不責望其報也.

성인도 어질지 않아서,

聖人不仁,

성인은 만백성을 사랑하고 양육하지만, 어짊과 은혜로써 하는 게 아니라 천지를 본받아 자연스러움에 맡기는 겁니다.

聖人愛養萬民, 不以仁恩, 法天地任自然.

백성들을 풀이나 개처럼 여깁니다.

以百姓爲芻狗.

성인 역시 백성을 풀이나 개를 기르는 것처럼 보고서, 예에 따라 행할 것을 바라거나 책임을 지우지 않습니다.

聖人視百姓如芻草狗畜, 不責望其禮意.

천지의 사이는

天地之間,

천지의 사이는 텅 비어 화기가 흘러 다니므로 만물이 저절로 생겨나는 겁니다. 사람이 오욕칠정을 제거하고, 맛있는 음식을 절제하여 오장육부를 깨끗이 할 수 있으면 신명이 그곳에 머물게 됩니다.

天地之間空虛, 和氣流行, 故萬物自生. 人能除情欲, 節滋味, 清五臟, 則神明居之也.

풀무나 피리와 같은 것입니다.

其猶橐籥乎.

풀무나 피리는 가운데가 텅 비어 있기 때문에 소리라는 기운을 낼 수 있는 겁니다.

橐籥中空虛, 故能有聲氣.

비어 있어도 고갈되지 않으며, 움직이면 더욱 나오게 됩니다.

虛而不屈, 動而愈出.

텅 비어 있어도 고갈될 때가 없으며, 움직여 흔들면 소리의 기운이 더욱더 나옴을 말한 겁니다.

言空虛無有屈竭時, 動搖之, 益出聲氣也.

말이 많으면 궁벽해짐이 잦으니,

多言數窮,

너무 많은 일은 신(오장신, 五臟神)을 해치고 말이 많으면 그 몸을 해치니, 입을 열어 혀를 움직이면 반드시 재난과 근심이 따르게 됩니다.

多事害神, 多言害身, 口開舌擧, 必有禍患.

그 중간(내면)을 지키는 것만 못합니다.

不如守中.

내면의 덕을 지키는 것만 못하니, 정과 신을 함양하고 길러서 기를 아끼고 말을 적게 해야 합니다.

不如守德於中, 育養精神, 愛氣希言.

오장의 신을 잘 기르면 죽지 않으니,

谷神不死,

곡(谷)은 기른다는 의미입니다. 사람이 오장의 신을 잘 기를 수 있게 되면 죽지 않는답니다. 여기서 신이란 오장의 신을 말합니다. 간은 혼(魂)을 갈무리하고, 폐는 백(魄)을 갈무리하며, 심장은 신(神)을 갈무리하고, 신장은 정(精)을 갈무리하며, 비장은 지(志)를 갈무리하는데, 오장이 다하여 손상되면 오장의 다섯 신이 떠나 버립니다.

谷, 養也. 人能養神則不死也. 神謂五臟之神也. 肝藏魂, 肺藏魄, 心藏神, 腎藏精, 脾藏志, 五藏盡傷, 則五神去矣.

이를 일러 현빈이라 합니다.

是謂玄牝.

죽지 않는 도리가 현빈에 있음을 말한 겁니다. 현은 하늘이며 사람에게 있어서는 코가 되고, 빈은 땅이며 사람에게 있어서는 입이 됩니다. 하늘은 다섯 가지 기운으로써 사람을 먹여 살리니, 코로 들어와 심장에 갈무리됩니다. 이 다섯 가지 기는 맑고 미세하여 정(精)·신(神)·총(聰, 귀 밝음)·명(明, 눈 밝음)·음성(音聲)이라는 다섯 가지 성품이 됩니다. 그 귀신을 혼(魂)이라 하며 그 혼은 양기를 의미하는 수컷입니다. 주로 사람의 코를 통해 들고나며 하늘과 통하기 때문에 코를 현(玄)이라 합니다. 땅은 다섯 가지 맛(五味)으로써 사람을 먹여 살리니, 입으로 들어와 위장에 갈무리됩니다. 오미는 탁하고 거칠어 형체(形)·골수(骸)·뼈(骨)·살(肉)·피(血)·맥(脈)이라는 여섯 가지 정이 됩니다. 그 귀신을 백(魄)이라 하며, 백은 음기를 의미하는 암컷입니다. 주로 사람의 입을 통해 들고나며 땅과 통하기 때문에 입을 빈(牝)이라 합니다.

言不死之道, 在於玄牝. 玄, 天也, 於人爲鼻. 牝, 地也, 於人爲口. 天食人以五氣, 從鼻入藏於心. 五氣淸微, 爲精神聰明, 音聲五性. 其鬼曰魂, 魂者雄也, 主出入於人鼻, 與天通, 故鼻爲玄也. 地食人以五味, 從口入藏於胃. 五味濁辱, 爲形骸骨肉, 血脈六情. 其鬼曰魄, 魄者雌也, 主出入於人口, 與地通, 故口爲牝也.

현빈의 문, 이를 천지의 기운이 들고나는 근원이라고 합니다.

玄牝之門, 是謂天地根.

근(根)은 으뜸을 의미합니다. 코와 입이라는 문이 곧 천지의 원기가 들고나는 곳임을 말한 겁니다.

根, 元也. 言鼻口之門, 是乃通天地之元氣所從往來也.

호흡이 이어지고 이어짐이 마치 있는 듯 없는 듯하게 하고,

綿綿若存,

코와 입으로 숨을 내쉬고 들이마심이 미묘하게 이어지고 이어져 마치 호흡을 하는 것도 같고 또한 하지 않는 것도 같이 해야 합니다.

鼻口呼噏喘息, 當綿綿微妙, 若可存, 復若無有.

그 천지음양의 기를 활용하는 데 억지로 힘쓰지 않아야 합니다.

用之不勤.

호흡을 통해 음양의 기를 활용할 때는 마땅히 부드럽고 느긋하게 해야지 급하게 하거나 억지로 힘써서는 안 됩니다.

用氣當寬舒, 不當急疾勤勞也.

제7장　　자신을 드러내는 빛을 감춤

도광(韜光)

하늘과 땅은 길이길이 오래되었는데,

天長地久,

천지가 장생하고 장수할 수 있음을 설명함으로써 사람들을 깨우치고 교화하려 한 겁니다.

說天地長生久壽, 以喻教人也.

천지가 장생하고 장수할 수 있는 이유는 자기만 살려고 하지 않기 때문이며,

天地所以能長且久者, 以其不自生,

천지가 오직 장생하고 장수한 이유는 편안하고 고요히 하여 베풀면서도 그 보답을 바라지 않기 때문이며, 또한 자신의 분에 넘치는 이익만을 구하는 데 급급하면서도 다른 사람의 것을 빼앗아 자기 뱃속만 채우려는 사람들의 사는 방식과는 같지 않기 때문입니다.

天地所以獨長且久者, 以其安靜, 施不求報, 不如人居處汲汲求自饒之利, 奪人以自與也.

그러므로 장생할 수 있는 겁니다.

故能長生.

자기만 살려고 하지 않기 때문에 죽지 않고 장생할 수 있는 겁니다.

以其不求生, 故能長生不終也.

이 때문에 성인은 자신을 뒤에 두고,

是以聖人後其身,

다른 사람을 우선시하며 자기는 뒷전으로 미룹니다.

先人而後己也.

몸소 솔선수범하면서도,

而身先,

천하 사람들이 그를 존경하며 수장으로 여깁니다.

天下敬之, 先以爲官長.

자신을 도외시하니,

外其身,

자기에게는 야박하게 하면서도 다른 사람에게는 후덕하게 합니다.

薄己而厚人也.

오히려 자기의 몸이 보존되는 겁니다.

而身存.

백성 사랑하기를 부모와 같이 하니, 신명이 갓난아이 돌보듯 하기 때문에 그 몸이 영원히 존재할 수 있는 것이죠.

百姓愛之如父母, 神明祐之若赤子, 故身常存.

그것은 자신만을 위한 사사로움이 없기 때문이지 않겠습니까?

非以其無私邪?

성인이 장존할 수 있는 것은 사람들에게 애정을 받고, 신명의 도움을 받으면서도 공정하고 사사로움이 없기 때문이지 않겠습니까?

聖人爲人所愛, 神明所祐, 非以其公正無私所致乎?

그러므로 종국에는 자기만의 사사로움도 이룰 수 있는 겁니다.

故能成其私.

사람들이 사사롭다고 여기는 것은 자기만을 후덕하게 하려는 것이죠. 성인은 사사로움을 부리지 않아도 저절로 후덕해지기 때문에 결국에는 자신의 사사로움도 이룰 수 있는 겁니다.

人以爲私者, 欲以厚己也. 聖人無私而己自厚, 故能成其私也.

제8장 상황에 쉽게 적응하는 물의 성품

이성(易性)

가장 좋은 것은 물과 같습니다.

上善若水.

가장 좋은 사람은 물과 같은 성품을 지닙니다.

上善之人, 如水之性.

물은 만물을 아주 이롭게 하면서도 다투지 않고,

水善利萬物而不爭,

물은 하늘에서는 안개와 이슬이 되고, 땅에서는 강물의 근원인 샘이 됩니다.

水在天爲霧露, 在地爲泉源也.

많은 사람들이 싫어하는 곳에 머물기도 하며,

處衆人之所惡,

많은 사람들은 낮고 습하며 더럽고 흐린 곳을 싫어하지만, 물은 홀로 고요히 흘러들어 그런 곳에 머무릅니다.

衆人惡卑濕垢濁, 水獨靜流居之也.

그러므로 물은 도에 가깝습니다.

故幾於道.

물의 성품은 거의 도와 같습니다.

水性幾於道同.

머물면서 땅을 기름지게 하고,

居善地,

물의 성질은 땅을 비옥하게 하기 위해 풀과 나무 위에서 흘러내려 땅으로 스며드니, 이것은 남에게 자신을 낮추는 암컷의 행동과 비슷합니다.

水性善喜於地, 草木之上即流而下, 有似於牝動而下人也.

마음은 깊은 연못 같으며,

心善淵,

물의 마음은 텅 빈 듯한데, 연못 또한 깊어 맑고 투명합니다.

水心空虛, 淵深清明.

줄 때는 매우 어질고,

與善仁,

만물은 물을 얻어 살아가는데, 비어 있으면 채워주고 가득 차 있으면 채워주지 않습니다.

萬物得水以生, 與虛不與盈也.

말할 때는 매우 믿음직스러우며,

言善信,

물은 안으로 사물의 형체를 받아 비춰주기는 하지만, 물 본연의 성정을 잃지는 않습니다.

水內影照形, 不失其情也.

정직하여 다스림을 잘하고,

正善治,

물은 깨끗이 씻어내지 않은 사물이 없으니, 맑고도 평등합니다.

無有不洗, 淸且平也.

일에 있어서는 모든 것을 잘하며,

事善能,

네모질 수도 있고 둥글게 될 수도 있으니, 굴곡지든 똑바르든 그 형체를 따릅니다.

能方能圓, 曲直隨形.

그 움직임은 때를 잘 맞춥니다.

動善時.

여름에는 녹고 겨울에는 얼어붙어 시기에 따라 움직이니, 자연의 운행시기를 잃지 않습니다.

夏散冬凝, 應期而動, 不失天時.

오직 다투지 아니하니,

夫唯不爭,

막으면 멈추고, 터놓으면 흘러가니, 사람의 의도를 잘 따릅니다.

壅之則止, 決之則流, 聽從人也.

그러므로 허물이 없습니다.

故無尤.

물의 성품이 이와 같기 때문에 천하에 원망과 허물이 없는 것이
바로 물입니다.

水性如是, 故天下無有怨尤水者也.

제9장　　　만물운행의 공평함
운이(運夷)

붙들어서 가득 채우는 것은 그러한 일을 그만두는 것만 못합니다.

持而盈之, 不如其已.

영(盈)은 가득 채운다는 것이며, 이(已)는 그친다는 의미입니다.
붙들어서 가득 채우면 반드시 기울어지니, 그만두는 것만 못하다
는 거죠.

盈, 滿也. 已, 止也. 持滿必傾, 不如止也.

다스림을 너무 날카롭게 하면 오래 보존할 수 없습니다.

揣而銳之, 不可長保.

췌(揣)는 다스린다는 의미입니다. 먼저 쇠를 다스려 날카롭게 된
이후에는 반드시 칼날이 무디게 됩니다.

揣, 治也. 先揣之, 後必棄捐.

황금과 옥으로 집을 가득 채우면, 그것을 지켜내기가 어렵습니다.

金玉滿堂, 莫之能守.

지나친 기호품이나 욕심은 신(神)을 상하게 하고, 재산이 너무 많으면 몸이 자유롭지 못합니다.

嗜欲傷神, 財多累身.

부유하고 신분이 높으면서도 교만하다면, 스스로 자신의 허물을 남기게 됩니다.

富貴而驕, 自遺其咎.

부유한 사람은 당연히 가난한 사람을 도와야 하고, 신분이 귀한 사람은 마땅히 신분이 낮은 사람을 가엾게 여겨야 하지만, 도리어 교만하고 방자함을 부린다면 반드시 재난과 불행을 입게 됩니다.

夫富當賑貧, 貴當憐賤, 而反驕恣, 必被禍患也.

공로가 완성되고, 명예가 이루어지면 몸을 물리는 것이 하늘의 도입니다.

功成, 名遂, 身退, 天之道.

사람이 하는 일에 공로를 이루고 사업을 세우며, 명예가 따르고 칭송되어도 몸을 물리거나 그 지위를 사양하지 않으면 해로움을 만나게 된다는 말입니다. 이것이 곧 하늘의 정상적인 도라는 겁니다. 비유하자면 태양이 중천에 있어도 결국엔 서쪽으로 기울며, 달도 둥근 보름달이 되면 이지러지게 되고, 만물도 번성하게 되면 쇠퇴할 때가 있으며, 즐거움도 극에 달하면 슬픔이 다가오게 되는 법이죠.

言人所爲, 功成事立, 名跡稱遂, 不退身避位, 則遇於害, 此乃天之常道也. 譬如日中則移, 月滿則虧, 物盛則衰, 樂極則哀.

제10장　무엇을 할 수 있는가
능위(能爲)

혼과 백을 지니고서,

載營魄,

영백(營魄)은 혼과 백을 의미합니다. 사람은 혼백을 지녀야만 삶을 얻을 수 있으니 마땅히 그것을 아끼고 길러야 합니다. 지나친 기쁨과 분노는 혼을 망령들게 하며, 갑작스러움이나 놀람은 혼을 상하게 합니다. 혼은 간에 백은 폐에 갈무리되어 있습니다. 지나친 음주나 기름진 안주는 인체의 간과 폐를 상하게 합니다. 그러므로 혼을 고요히 하면서 도에 뜻을 두어 어지럽지 않게 하고, 백을 편안히 하면 그 수명을 연장할 수 있습니다.

營魄, 魂魄也. 人載魂魄之上得以生, 當愛養之. 喜怒亡魂, 卒驚傷魄. 魂在肝, 魄在肺. 美酒甘肴, 腐人肝肺. 故魂靜志道不亂, 魄安得壽延年也.

한곳에 집중하면 혼과 백이 떠날 수 없으며,

抱一, 能無離,

사람이 한곳(현빈, 玄牝)에 집중하여 혼과 백이 몸에서 떠나지 않게 하면 장수할 수 있음을 말한 겁니다. 하나(一)란 도가 처음 낳은 것으로 지극히 조화된 정기(精氣)이기 때문에 하나라고 합니다. 그 하나는 천하에 그 이름을 펼치니, 하늘은 하나를 얻어야 맑게 되고, 땅은 하나를 얻어야 안정되며, 제후나 왕은 하나를 얻어야 바르고 공정해집니다. 그 하나는 인체에 들어와서는 마음이 되고, 몸 밖으로 내면 행동이 되며, 그것을 잘 베풀면 덕이 되니, 총체적으로 이름하여 하나라고 했던 겁니다. 하나라고 말하는 것은 오직 그 뜻이 하나이지 둘이 아님을 의미합니다.

言人能抱一, 使不離於身, 則[身]長存. 一者, 道始所生, 太和之精氣也, 故曰一. 一布名於天下, 天得一以淸, 地得一以寧, 侯王得一以爲正平. 入爲心, 出爲行, 布施爲德, 摠名爲一. 一之爲言, 志一無二也.

그 정기를 오로지 한결같게 하면 몸도 부드럽게 되어,

專氣致柔,

정기를 오로지 한결같게 지켜 어지럽지 않게 하면, 몸도 거기에 응하여 부드럽게 따르게 됩니다.

專守精氣使不亂, 則形體能應之而柔順.

갓난아이처럼 될 수 있습니다.

能嬰兒.

갓난아이와 같이 안으로 근심걱정이 없게 되고, 밖으로 정사에 구애받지 않으면 정과 신이 떠나지 않게 됩니다.

能如嬰兒內無思慮, 外無政事, 則精神不去也.

그윽하게 살펴 그 마음을 씻어내고 잡념을 없애면,

滌除玄覽,

마땅히 그 마음을 씻어내어 고요하고 깨끗하게 해야 합니다. 그렇게 되면 마음은 그윽하고 깊숙한 곳에 머물면서도 만사를 살펴 알게 되니, 그러므로 현묘하게 바라보는 현람(玄覽)이라 하는 겁니다.

當洗其心使潔淨也. 心居玄冥之處, 覽知萬事, 故謂之玄覽也.

허물을 없앨 수 있습니다.

能無疵.

음란하고 사악하지 않게 됩니다.

不淫邪也.

백성을 사랑하고 나라를 다스림은,

愛民治國,

몸을 다스리는 사람이 기를 아끼면 몸이 온전해지고, 나라를 다스리는 사람이 백성을 널리 사랑하면 나라가 안정됩니다.

治身者愛氣則身全, 治國者愛民則國安.

인위적으로 하는 일이 없는 무위로써 해야 합니다.

能無爲.

몸을 다스리는 것은 정과 기를 호흡을 통해 드나들게 하는 것인데, 그 호흡소리가 귀에 들리지 않게 해야 합니다. 나라를 다스리는 것은 은혜로움과 덕을 널리 베푸는 것인데, 백성들이 알지 못하게 해야 합니다.

治身者呼吸精氣, 無令耳聞; 治國者布施惠德, 無令下知也.

하늘의 문이 열리고 닫힐 때,

天門開闔,

하늘의 문은 북극성 외곽의 자미궁을 말합니다. 열리고 닫히는 개합(開闔)은 다섯 가지 변화인 오제의 끝과 시작을 의미합니다. 몸을 다스림에 있어서 천문(天門)은 인체의 콧구멍을 말하며, 개(開)는 입을 열고서 하는 거친 호흡이고, 합(闔)은 입을 다물고서 하는 고요한 호흡을 말합니다.

天門謂北極紫微宮. 開闔謂終始五際也. 治身, 天門謂鼻孔, 開謂喘息, 闔謂呼吸也.

유순한 암컷과 같이 될 수 있습니다.

能爲雌.

몸을 다스림은 마땅히 암컷과 같이 편안하고 고요하며 부드럽고 여릿해야 하고, 나라를 다스림은 변화에 따라서 화합시키되 우격다짐으로 몰아세워서는 안 됩니다.

治身當如雌牝, 安靜柔弱, 治國應變, 和而不唱也.

도는 밝고 흰하여 사방에 통달하지만,

明白四達,

밝고 흰하여 통달함이 마치 해와 달이 사방으로 통하여 천하팔방의 밖까지도 가득 비추는 것과 같음을 말한 겁니다. 그러므로 이르기를 도는 "보려 해도 보이지 않고, 들으려 해도 들리지 않지만, 시방(十方) 세계에 밝게 베풀어져 찬란하게 빛난다"고 한 겁니다.

言達明白, 如日月四通, 滿於天下八極之外. 故曰: 視之不見, 聽之不聞, 彰布之於十方, 煥煥煌煌也.

아무도 알 수가 없습니다.

能無知.

도가 온 천하에 가득 차 있음을 아는 자가 없습니다.

無有能知道滿於天下者.

도는 낳고 길러줍니다.

生之, 畜之.

도는 만물을 낳고 길러줍니다.

道生萬物而畜養之.

그러나 도는 낳으면서도 소유하려 들지 않고,

生而不有,

도는 만물을 낳았지만 취하여 소유하려 하지 않습니다.

道生萬物, 無所取有.

온갖 일을 하면서도 그 보답을 바라지 않으며,

爲而不恃,

도는 베풀고 온갖 일을 하면서도 그 보답을 기대하거나 바라지도 않습니다.

道所施爲, 不恃望其報也.

장성하였어도 부려먹지 않으니,

長而不宰,

도는 만물을 장성하게 길렀어도 도구로 활용하기 위해 쪼개거나 주재하려 들지 않습니다.

道長養萬物, 不宰割以爲器用.

이를 일러 현묘한 덕인 현덕이라 합니다.

是謂玄德.

도와 덕은 그윽하고 형체를 드러내지 않아 볼 수는 없지만, 사람들로 하여금 도와 같아지게 하려는 의도로 말하는 겁니다.

言道德玄冥, 不可得見, 欲使人如道也.

제11장　없음으로 쓰임이 되는 것

무용(無用)

서른 개의 바퀴살은 굴대 외곽의 하나의 바퀴통으로 모이는데,

三十輻共一轂,

옛날 수레의 바퀴살 서른 개는 한 달 30일을 본받은 겁니다. 하나의 바퀴통으로 모인다는 것은 바퀴통 가운데에 구멍을 파놓았기 때문에 모든 바퀴살이 그곳으로 모인다는 것이죠. 몸을 다스리는 것은 오욕칠정을 제거하여 오장육부를 텅 비우는 것으로 장부의 신을 돌아오게 하는 겁니다. 나라를 다스리는 것은 백성들의 부담을 적게 할수록 모든 여린 백성들이 홀연히 모여들어 결국에는 강성해진답니다.

古者車三十輻, 法月數也. 共一轂者, 轂中有孔, 故衆輻共湊之. 治身者當除情去欲, 使五藏空虛, 神乃歸之. 治國者寡能, 摠衆弱共扶强也.

그 바퀴통의 텅 빈 공간으로 인해 수레의 쓰임이 있게 됩니다.

當其無, 有車之用.

무(無)는 텅 비움을 의미합니다. 바퀴통 가운데를 텅 비우게 함으로써 바퀴살이 모여 수레의 바퀴를 굴릴 수 있으며, 수레 짐칸을 텅 비우게 함으로써 사람들이 그 위에 탈 수가 있습니다.

無, 謂空虛. 轂中空虛, 輪得轉行, 轝中空虛, 人得載其上也.

찰흙을 빚어 그릇을 만드는데,

埏埴以爲器,

연(埏)은 버무려 빚는다는 것을, 식(埴)은 찰흙이나 점토를 의미합니다. 찰흙을 버무려 빚어 음식 담는 그릇을 만듭니다.

埏, 和也. 埴, 土也. 和土以爲飮食之器.

그 텅 빔으로 인해 그릇의 쓸모가 있게 됩니다.

當其無, 有器之用.

그릇 안이 텅 비었기 때문에 음식물을 담을 수가 있습니다.

器中空虛, 故得有所盛受.

문과 창문을 내어 방을 만드는데,

鑿戶牖以爲室,

집의 방을 만드는 것을 말합니다.

謂作屋室.

그 집의 텅 빔으로 인해 방의 쓸모가 있게 됩니다.

當其無, 有室之用.

문과 창문이 텅 비어 있어서 사람들이 들고나며 밖을 관찰할 수도 있고, 방 안이 텅 비어 있어서 사람들이 거처할 수 있으니, 이것은 그 쓰임을 말하는 겁니다.

言戶牖空虛, 人得以出入觀視: 室中空虛, 人得以居處, 是其用.

그러므로 있음이 이로움이 되는 것은,

故有之以爲利,

리(利)는 사물로서 형체의 쓰임을 이롭게 합니다. 그릇 안에는 음식물 등을 보관하고 방 안에는 사람들이 기거하는데 그 그릇이나 방이 부서지는 것을 두려워하고, 뱃속에는 오장육부의 신이 머물고 있는데 그 몸이 죽게 될까 두려워합니다.

利, 物也, 利於形用. 器中有物, 室中有人, 恐其屋破壞, 腹中有神, 畏其形消亡也.

없음을 쓰임으로 삼기 때문입니다.

無之以爲用.

텅 비었다는 것은 곧 만물을 가득 담는 데 쓸 수 있다는 걸 말하는 겁니다. 그러므로 비어 있음과 없음이 형체 있는 것을 제어할 수 있다고 하는 겁이다. 그러니 도는 텅 빔입니다.

言虛空者乃可用盛受萬物, 故曰虛無能制有形. 道者空也.

┃ 제12장　　욕망을 단속해야 하는 이유

검욕(檢欲)

다섯 가지 색깔은 사람의 눈을 멀게 하고,

五色令人目盲,

탐욕스럽고 음란하게 색(色)을 밝히면 정(精)이 상하여 시력을 잃게 됩니다. (그렇게 되면 도의 '색깔 없는 색'을 볼 수가 없습니다.)

貪淫好色, 則傷精失明也. (不能視無色之色.)

다섯 가지 소리는 사람의 귀를 멀게 하며,

五音令人耳聾,

다섯 가지 소리만 좇다 보면 조화의 기운이 마음을 떠나 도의 '소리 없는 소리'를 들을 수가 없습니다.

好聽五音, 則和氣去心, 不能聽無聲之聲.

다섯 가지 맛은 사람의 입을 망치게 합니다.

五味令人口爽,

상(爽)은 망친다는 의미입니다. 사람이 다섯 가지 맛만 탐닉하게 되면 입을 망치게 되니, 도를 잃어버리게 됨을 말한 겁니다.

爽, 亡也. 人嗜於五味, 則口亡, 言失於道也.

말을 몰아 사냥하는 것은 사람의 마음을 미쳐 날뛰게 하고,

馳騁田獵, 令人心發狂,

사람의 정(精)과 신(神)을 위해서는 편안하고 고요함이 이로우나, 말달리는 것과 같이 호흡이 불안정해서는 정과 신이 흩어지고 망령되기 때문에 미쳐 날뛰게 되는 겁니다.

人精神好安靜, 馳騁呼吸, 精神散亡, 故發狂也.

얻기 어려운 재화나 재물은 사람의 행동을 그르치게 합니다.

難得之貨, 令人行妨.

방(妨)은 그르친다는 의미입니다. 얻기 어려운 재화는 금과 은이나 진주나 옥과 같은 것으로 사람의 마음이나 의지를 탐욕스럽게 만드는 것이니, 싫어함이나 만족함을 알지 못하면 행동을 그르치게 되고 몸을 욕되게 합니다.

妨, 傷也. 難得之貨, 謂金銀珠玉, 心貪意欲, 不知厭足, 則行傷身辱也.

이 때문에 성인은 뱃속을 위하지,

是以聖人爲腹,

다섯 가지 성품을 지키고, 여섯 가지 정분을 버리며, 의지와 기를 조절하고, 그 신명을 수양합니다.

守五性, 去六情, 節志氣, 養神明.

눈을 위하지 않습니다.

不爲目,

눈으로는 망령되게 바라보지 않아야 되는데, 망령되게 바라보았다가는 그 정이 밖으로 누설되어 버립니다.

目不妄視, 妄視泄精於外.

그러므로 후자(눈)를 버리고 전자(배)를 취합니다.

故去彼取此.

저 눈의 망령된 바라봄을 버리고, 배(하단전)를 통해 성품을 수양하는 것을 취하는 겁니다.

去彼目之妄視, 取此腹之養性.

제13장   수치스러움을 멀리하는 법

염치(猒恥)

사랑받는 것이나 지탄받는 것을 놀라는 것처럼 경계하고,

寵辱若驚,

자신이 사랑을 받아도 경계하고, 또한 지탄을 받아도 경계해야
합니다.

身寵亦驚, 身辱亦驚.

큰 환란이 내 몸에 이르러도 귀하게 여기며 두려워해야 합니다.

貴大患若身.

귀(貴)는 두려워 경계하는 것이며, 약(若)은 이르다는 의미입니다.
큰 환란이 자신에게 닥쳐온 것을 두려워하기 때문에 항상 놀라는
것처럼 조신해야 한다는 겁니다.

貴, 畏也. 若, 至也. 畏大患至身, 故皆驚.

무엇을 사랑받고 지탄받는 것이라 하는 겁니까?

何謂寵辱?

'무엇을 일러 사랑받고, 무엇을 일러 지탄받는 것인가?'를 묻는

겁니다. 사랑받는 것은 존경과 영화로움이 자신에게 이르는 것이며, 지탄받는 것은 수치와 욕됨이 이르는 것이죠. 이러한 것이 자신에게 닥쳐왔을 때, 자신을 돌이켜보며 스스로 묻는 것은 다른 사람을 일깨우기 위해서입니다.

問何謂寵, 何謂辱? 寵者尊榮, 辱者恥辱. 及身還自問者, 以曉人也.

(사랑받는 것은 높은 것이며) 지탄받는 것은 낮은 것이나,

(寵爲上), 辱爲下,

지탄은 낮은 것이고 천대받는 겁니다.

辱爲下賤.

사랑을 받아도 놀라는 것처럼 조신해야 하며,

得之若驚,

사랑을 받거나 영화를 누려도 두려워하며 조신한다는 것은, 높은 자리에 있어도 항상 심각한 위험이 도사리고 있는 것과 같이 처신해야 한다는 겁니다. 존귀하게 되어도 교만하지 않고, 부유해져도 사치하지 않아야 합니다.

得寵榮驚者, 處高位如臨深危也. 貴不敢驕, 富不敢奢.

사랑받음을 잃어도 놀라는 것처럼 조신하니,

失之若驚,

잃는다는 것은 사랑받지 못하고 지탄받는다는 겁니다. 놀라는 것처럼 조신하는 것은 불행이 겹쳐 오는 것을 두려워하라는 것이죠.

失者, 失寵處辱也. 驚者, 恐禍重來也.

이러한 것을 일러 사랑받는 것이나 지탄받는 것을 놀라는 것처럼 경계한다고 하는 겁니다.

是謂寵辱若驚.

앞에서 '사랑을 받아도 놀라는 것처럼 조신해야 하며, 사랑받음을 잃어도 놀라는 것처럼 조신해야 된다'고 한 내용을 풀이한 겁니다.

解上得之若驚, 失之若驚.

무엇을 일러 큰 환란이 내 몸에 이르러도 귀하게 여기며 두려워해야 한다고 하는 겁니까?

何謂貴大患若身?

'무엇 때문에 큰 환란이 자신에게 닥쳐와도 두려워해야 하는가?' 를 다시 묻고 있는 겁니다.

復還自問: 何故畏大患至身?

나에게 큰 환란이 닥쳐오는 이유는 나라는 몸이 존재하기 때문입니다.

吾所以有大患者, 爲吾有身.

나에게 큰 환란이 닥쳐오는 이유는 나라는 몸이 존재하기 때문입니다. 몸이 존재하여 걱정인 것은 자신이 배고프고 추위에 떨지 않을까 애써 번민하고, 오욕칠정에 부딪치고 따라가니 불행과 환란을 만나게 되는 겁니다.

吾所以有大患者, 爲吾有身. 有身憂者, 勤勞念其飢寒, 觸情從欲,
則遇禍患也.

내가 몸에 구애받지 않는 경지에 이르면, 내게 무슨 환란이 있겠습니까?

及吾無身, 吾有何患?

내가 신체에 구애받지 않는 경지에 이르게 되면, 자연스럽게 득
도하여 가볍게 구름 위로 오르거나 온 우주를 드나들며, 도와 함께
하고 신명과 통하게 되니, 무슨 걱정거리가 있겠습니까?

使吾無有身體, 得道自然, 輕舉昇雲, 出入無間, 與道通神, 當有
何患?

**그러므로 자기 몸을 천하보다 귀하게 여기는 자에게는 잠시 천
하를 맡길 수 있을 뿐이지만,**

故貴以身爲天下者, 則可寄天下,

임금 가운데 자신의 몸은 귀하게 여기고 남은 천박하게 대하면
서 천하의 주인이 되고자 하는 사람에게는, 잠시 천하를 맡길 수는
있지만 오래갈 수 없음을 말하고 있습니다.

言人君貴其身而賤人, 欲爲天下主者, 則可寄立, 不可以久也.

자기 몸을 아끼는 태도로 천하를 위하는 사람에게만 천하를 맡
길 수 있습니다.

愛以身爲天下, 若可託天下.

임금이 자기 몸을 아끼는 것은 자기만을 위하는 것이 아니라 온 백성의 부모가 되기 위한 것이어야 함을 말하는 겁니다. 이러한 마음으로써 천하의 주인이 된 사람은 온 백성의 임금으로서 그 자신을 맡기어도 오랫동안 허물이 없다는 겁니다.

言人君能愛其身, 非爲己也, 乃欲爲萬民之父母. 以此得爲天下主者, 乃可以託其身於萬民之上, 長無咎也.

제14장　현묘한 도를 찬양함

찬현(贊玄)

보아도 볼 수 없는 것을 이름하여 이(夷)라고 말하며,

視之不見名曰夷,

색깔이 없는 것을 이(夷)라고 합니다. 일(一)이란 색깔로 표현할 수 없어서 보고자 하여도 볼 수 없는 것을 말합니다.

無色曰夷. 言一無采色, 不可得視而見之.

들어도 들리지 않는 것을 이름하여 희(希)라고 말하고,

聽之不聞名曰希,

소리가 없는 것을 희(希)라고 합니다. 일(一)이란 음률이나 소리가 없어서 들으려 해도 들을 수가 없는 것을 말합니다.

無聲曰希. 言一無音聲, 不可得聽而聞之.

붙잡아도 잡히지 않는 것을 이름하여 미(微)라고 말합니다.

搏之不得名曰微.

형체가 없는 것을 미(微)라고 합니다. 일(一)이란 형체가 없어서 붙들어 잡으려 해도 잡을 수가 없는 것을 말합니다.

無形曰微. 言一無形體, 不可搏持而得之.

이 세 가지(夷·希·微)는 따져 캐물을 수도 없으니,

此三者不可致詰,

세 가지란 '이(夷)·희(希)·미(微)'를 말합니다. 따져 캐물을 수 없다는 것은 색도 없고, 소리도 없으며, 형체도 없으니, 입으로 말할 수도 없으며 글로 전달할 수도 없는 것이어서 마땅히 마음을 고요히 하여 받거나 신명으로써 구하는 것이지 따져 캐묻는다고 얻을 수 있는 것이 아닙니다.

三者, 謂夷·希·微也. 不可致詰者, 夫無色·無聲·無形, 口不能言, 書不能傳, 當受之以靜, 求之以神, 不可詰問而得之也.

그러므로 합하여 일(一)이 되는 겁니다.

故混而爲一.

혼(混)은 합한다는 의미입니다. 그러므로 이 세 가지 이름이 합해져 일(一)이 되는 겁니다.

混, 合也. 故合於三名之爲一.

그것은 위에 있다 해도 밝게 빛나지 아니하며,

其上不皦,

일(一)이 하늘 위에 있어도 밝게 빛나지 않음을 말하는 겁니다.

言一在天上, 不皦皦光明.

그것은 아래에 있다 해도 어둡지 아니합니다.

其下不昧.

일(一)이 하늘 아래 있어도 어둡거나 어두운 곳에 있지 않음을 말
하는 겁니다.

言一在天下, 不昧昧有所闇冥.

끝없이 이어져 있으니 무어라 이름할 수도 없고,

繩繩不可名,

끝없이 이어져 있다는 것은 움직여 나아가도 끝이 없다는 의미
입니다. 무어라 이름할 수 없다는 것은 어느 하나의 색깔이 아니
어서 청·황·백·흑색으로 구별할 수도 없으며, 또한 하나의 소리도
아니어서 궁·상·각·치·우로 구별하여 들을 수도 없고, 그리고 하
나의 형체도 아니어서 길고 짧음이나 크고 작은 것으로 가늠할 수
가 없다는 겁니다.

繩繩者, 動行無窮極也. 不可名者, 非一色也, 不可以靑黃白黑別,
非一聲也, 不可以宮商角徵羽聽, 非一形也, 不可以長短大小度之也.

다시 물질이 없는 이전 상태로 돌아갑니다.

復歸於無物.

물(物)은 물질을 의미합니다. 다시금 물질이 없는 이전 상태인 도 (道)로 돌아가야 합니다.

物, 質也. 復當歸之於無質.

이것을 일러 형상이 없는 형상이라 하며,

是謂無狀之狀,

일(一)은 형상이 없으면서도, 형상을 갖춘 만물을 빚어낼 수 있음 을 말하고 있습니다.

言一無形狀, 而能爲萬物作形狀也.

물질이 없는 상이라고도 하는데,

無物之象,

일(一)은 물질적 성질이 없으면서도 만물을 형상대로 지어낼 수 있음을 말하고 있습니다.

[言]一無物質, 而爲萬物設形象也.

이것을 황홀이라고 합니다.

是爲忽恍.

일(一)은 홀연하고 황홀하여 있는 것도 같고 없는 것도 같으니 볼 수가 없다는 말입니다.

[言]一忽忽恍恍者, 若存若亡, 不可見之也.

맞아들이려 해도 그 머리를 볼 수가 없고,

迎之不見其首,

일(一)은 앞이나 끝이 없어 예정하여 기다릴 수도 없습니다. 그러나 오욕칠정을 제거하면 일(一)은 저절로 돌아오게 되어 있답니다.

一無端末, 不可五待也. 除情去欲, 一自歸之也.

뒤쫓아 가려 해도 그 뒷모습을 볼 수가 없으며,

隨之不見其後,

일(一)은 그림자나 자취도 없어 볼 수도 없음을 말하고 있습니다.

言一無影跡, 不可得而看.

옛날의 도를 잡아 오늘이 존재하게 제어하니,

執古之道, 以御今之有,

성인이 옛날의 도를 잡아 지켜 일(一)을 생기게 함으로써 만물을 제어하니, 지금도 당연히 일(一)이 존재하고 있음을 알아야 합니다.

聖人執守古道, 生一以御物, 知今當有一也.

이로써 옛날의 시작을 아니, 이것을 일러 도의 벼리(줄거리)인 도기라고 합니다.

以知古始, 是謂道紀.

사람으로서 아주 먼 옛날 태초부터 일(一)이 존재했음을 알 수 있다면, 이런 사람을 일러 도의 벼리인 강기(綱紀)를 안다고 할 수 있습니다.

人能知上古本始有一, 是謂知道綱紀也.

제15장 드러내지 않아도 드러나는 덕

현덕(顯德)

옛날의 득도한 훌륭한 사람은,

古之善爲士者,

득도한 군자를 말합니다.

謂得道之君也.

그 뜻이 미묘하고 하늘과 통하여,

微妙玄通,

현(玄)은 하늘을 의미합니다. 그의 의지와 절개가 현묘하여 정기가 하늘과 통함을 말한 겁니다.

玄, 天也. 言其志節玄妙, 精與天通也.

그 깊이를 알 수 없습니다.

深不可識.

그러니 도와 덕이 심원하여 알아서 인식할 수 없습니다. 안을 들여다보면 마치 장님과 같아지고, 되돌려 들어보면 마치 귀머거리와도 같아지니, 누구도 그의 장점을 알지 못합니다.

道德深遠, 不可識知, 內視若盲, 反聽若聾, 莫知所長.

오직 알 수 없기 때문에 억지로 그 모습을 그려내 보자면 이렇습니다.

夫唯不可識, 故强爲之容.

아래 구절들을 말합니다.

謂下句也.

신중하구나! 마치 겨울에 강을 건너듯이,

與兮若冬涉川,

일을 벌일 때 계속해서 신중을 더하여, 머뭇머뭇 겨울 강을 건너듯이 마음속으로 어렵게 여깁니다.

擧事輒加重愼. 與與兮若冬涉川, 心難之也.

주춤거리는구나! 마치 사방의 소원한 이웃을 두려워하듯이,

猶兮若畏四鄰,

그 나아가고 물러섬에 마치 구속받거나 제지당하는 것처럼 주춤거리거나, 마치 법을 어긴 사람이 사방의 이웃이 알아볼까 두려워하는 것과 같습니다.

其進退猶猶如拘制, 若人犯法, 畏四鄰知之也.

공손하구나! 마치 손님처럼,

儼兮其若客,

마치 손님이 주인을 어려워하는 것처럼 공손함에도 꾸며냄이 없다는 겁니다.

如客畏主人, 儼然無所造作也.

풀어 흩어지는구나! 마치 얼음이 녹아내리듯이,

渙兮若冰之將釋,

환(渙)은 풀어 흩어짐을 의미하며, 석(釋)은 소멸하여 없어짐을 뜻합니다. 오욕칠정을 제거하여 날마다 텅 비워냄을 말합니다.

渙者, 解散. 釋者, 消亡. 除情去欲, 日以空虛.

질박하구나! 마치 다듬지 않은 통나무처럼,

敦兮其若朴,

돈(敦)은 질박하고 두툼함을, 박(朴)은 형체를 아직 다듬지 아니한 것을 의미합니다. 안으로 정과 신을 지키고, 밖으로는 꾸며냄이 없다는 겁니다.

敦者, 質厚. 朴者, 形未分. 內守精神, 外無文采也.

관대하구나! 마치 텅 빈 계곡처럼,

曠兮其若谷,

광(曠)은 관대함을, 곡(谷)은 텅 빔을 의미합니다. 덕의 공로와 명예를 소유하지 않으면서도 포용하지 못하는 것이 없다는 겁니다.

曠者, 寬大. 谷者, 空虛. 不有德功名, 無所不包也.

참된 본성을 지키는구나! 마치 흙탕물처럼.

渾兮其若濁.

혼(渾)은 참된 본성을 지키는 것이고, 탁(濁)은 밝게 드러내지 아니함을 의미합니다. 백성과 더불어 하나로 화합하면서 스스로 존귀해지려 하지 않는다는 겁니다.

渾者守本眞, 濁者不照然. 與衆合同, 不自尊也.

어느 누가 탁한 것을 고요히 가라앉혀 서서히 맑아지게 할 수 있겠습니까?

孰能濁以[止]靜之, 徐淸?

숙(孰)은 누구라는 의문조사입니다. 어느 누가 물의 탁함을 가라앉히고 고요히 하여 서서히 저절로 맑아지게 할 수 있겠습니까?

孰, 誰也. 誰能知水之濁止而靜之, 徐徐自淸也?

어느 누가 안정됨을 오래도록 지속시켜 서서히 장생할 수 있겠습니까?

孰能安以久動之, 徐生?

어느 누가 안정됨을 오래토록 지속시켜 서서히 장생할 수 있겠습니까?

誰能安靜以久, 徐徐以長生也?

이러한 도를 체득한 사람은 가득 채우려 하지 않습니다.

保此道者, 不欲盈.

이와 같이 장생의 도를 체득한 사람은 지나치게 사치하거나 넘쳐흐르게 가득 채우려 하지 않습니다.

保此徐生之道[者], 不欲奢泰盈溢.

　오직 채우려 하지 않기 때문에 그 광영을 숨기고서 새롭게 부귀
나 공명을 짓지 않을 수 있는 겁니다.

夫唯不盈, 故能蔽不新成.

　가득 채우려 하지 않는 사람은 그 광영을 숨기고서 새롭게 부귀
나 공명을 짓지 않을 수 있습니다. 폐(蔽)는 밝게 빛나는 덕을 숨기
는 것이며, 새롭게 이룬다는 신성(新成)은 부귀나 공로, 명예를 의
미합니다.

夫爲不盈滿之人, 能守蔽不爲新成. 蔽者匿光榮也. 新成者貴功名.

제16장　　고요함의 근본으로 돌아감
귀근(歸根)

비움의 극치에 이르고,

致虛極,

　득도한 사람은 오욕칠정을 비워내고, 오장육부를 맑고 고요히
하여 비움의 극치에 이릅니다.

得道之人, 捐情去欲, 五內淸靜, 至於虛極.

도타운 고요를 지키면서,

守靜篤,

맑고 고요함을 지키고, 도탑고 후덕하게 행합니다.

守清靜, 行篤厚.

온갖 사물이 어울려 생겨날 때,

萬物並作,

작(作)은 생겨남을 의미합니다. 온갖 사물이 어울려서 생겨난다
는 겁니다.

作, 生也. 萬物並生也.

나는 그들의 되돌아감을 눈여겨봅니다.

吾以觀其復.

나는 만물이 모두 그 근본으로 되돌아가지 아니함이 없다는 것
을 철저하게 관찰하였음을 말하고 있습니다. 따라서 사람은 마땅
히 그 근본을 중요하게 생각해야 합니다.

言吾以觀見萬物無不皆歸其本, 人當念重其本也.

온갖 사물이 무성하게 자라나지만,

夫物芸芸,

운운(芸芸)은 꽃과 잎이 무성하게 자라남을 의미합니다.

芸芸者, 華葉盛也.

결국에는 각기 제뿌리로 다시 되돌아갑니다.

各復歸其根.

온갖 사물은 때가 되면 시들거나 낙엽 지지 않는 것이 없어서, 각기 제뿌리로 되돌아갔다가 다시 새순을 돋아내어 살아감을 말한 겁니다.

言萬物無不枯落, 各復反其根而更生也.

뿌리로 되돌아감을 고요함이라고 합니다.

歸根曰靜.

고요함은 뿌리를 말합니다. 뿌리는 편안하고 고요하며 부드럽고 나긋하여 겸손하고 낮은 아래쪽에 있기 때문에 다시 죽지는 않습니다.

靜謂根也. 根安靜柔弱, 謙卑處下, 故不復死也.

이를 일러 제 성명을 회복함이라 합니다.

是謂復命.

편안하고 고요함을 지키는 사람은 다시 성과 명을 부여받은 처음으로 되돌아가니, 죽지 않게 됨을 말하는 겁니다.

言安靜者是爲復還性命, 使不死也.

제 명을 회복하는 것을 영원함이라 합니다.

復命曰常.

제 명을 회복하여 죽지 않게 되는 것은, 곧 도가 영원히 운행하는 것과 같습니다.

復命使不死, 乃道之所常行也.

영원함을 알게 되는 것을 일러 밝게 깨우친다고 합니다.

知常曰明.

도가 영원히 운행됨을 알 수 있게 되면 밝게 깨우치게 됩니다.

能知道之所常行, 則爲明.

도의 영원함을 알지 못하면 망령되어 흉하게 됩니다.

不知常, 妄作凶.

도가 영원히 운행됨을 알지 못하면, 마음이 망령되어 교묘히 거
짓됨을 일으키니 신명을 잃게 되어 흉하게 되는 것이랍니다.

不知道之所常行, 妄作巧詐, 則失神明, 故凶也.

영원함을 알면 너그러워집니다.

知常容.

도가 영원히 운행됨을 알아서 오욕칠정을 제거하여 잊어버리게
되면 포용하지 않음이 없게 됩니다.

能知道之所常行, 去情忘欲, 無所不包容也.

너그러워지면 마음은 공평하게 됩니다.

容乃公.

포용하지 않음이 없게 되면 공평하고 바르게 되며 사사로움이
없어지니, 어떤 사악한 자들도 그런 사람을 당해내지 못합니다.

無所不包容, 則公正無私, 衆邪莫當.

공평하게 되면 곧 천하를 다스리는 왕이 될 수 있습니다.

公乃王.

공평하고 발라서 사사로움이 없게 되면 천하를 다스리는 왕이 될 수 있습니다. 몸을 다스리는 것이 바르게 되면 일(一)과 같은 모습을 지녀 온갖 신명이 그 몸에 모여듭니다.

公正無私, 則可以爲天下王. 治身正則形一, 神明千萬, 共湊其躬也.

왕이 되면 곧 하늘과 통할 수 있게 됩니다.

王乃天.

왕이 될 수 있으면 그 덕을 신명과 화합하여 하늘과 통할 수 있게 됩니다.

能王, 德合神明, 乃與天通.

하늘에 통하면 곧 도와 같아지게 됩니다.

天乃道.

덕이 하늘과 통하게 되면 도와 화합하여 같아지게 됩니다.

德與天通, 則與道合同也.

도와 같아지게 되면 곧 장구할 수 있게 됩니다.

道乃久.

도와 화합하여 같아지게 되면 곧 장구할 수 있게 됩니다.

與道合同, 乃能長久.

몸이 다할 때까지 위태롭지 않게 됩니다.

沒身不殆.

공평할 수 있고, 천하를 다스리는 왕이 될 수 있으며, 하늘과 통하고, 도와 화합하는 이 네 가지를 순수하게 갖추게 되면, 도와 덕이 넓고 심원해져 재앙이나 허물이 없게 되니 천지와 함께 없어진다 해도 위태롭지 않을 겁니다.

能公能王, 通天合道, 四者純備, 道德弘遠, 無殃無咎, 乃與天地俱沒, 不危殆也.

한자어원풀이

`和光同塵(화광동진)` 이란 "밝게 빛남을 부드럽게 누그러뜨리고 뭇사람들과 어울려 지냄"을 말한 것으로, "자신의 지혜나 지식을 자랑하지 않고, 오히려 부드럽게 감추며 속세의 사람들에 동화(同化)되어 허물없이 살아감"을 말합니다. 『도덕경』 제4장의 "그 빛남을 부드럽게 하고, 세속과 함께해야 합니다(和其光, 同其塵)"라는 대목에서 유래했습니다. 이에 대해 하상공은 "비록 혼자만 밝게 도드라질지라도 어둡고 우매해야지, 그 빛남으로 다른 사람들을 혼란스럽게 해서는 안 됨을 말한 겁니다. 일반 백성들과 더불어 세속에서 어울려야지 자신만을 특별하게 구별해서는 안 됩니다"라고 주석을 달고 있습니다.

`화할 和(화)` 는 벼 화(禾)와 입 구(口)로 이루어졌습니다. 禾(화)에 대해 한대의 문자학자 허신(許愼: 58~147)은 『說文解字(설문해자, 이하 說文)』에서 "禾는 좋은 곡식이라는 뜻이다. 2월에 처음 싹이 트고 자라서 8월에 익는데, 사계절 중 중화(中和)의 기운을 받으므로 禾(화)라 하였다. 禾(화)는 木(목)이다. 목(木) 기운이 왕성하면 살고, 금(金) 기운이 왕성하면 죽는다. 木(목)으로 구성되었으며 그 이삭의 모양을 본떴다"고 하였습니다.

禾(화)의 자형은 갑골문에도 보이는데, 곡식의 이삭이 익어 수그러진 모습을 본뜬 상형글자입니다. 즉 고개를 숙인 이삭(丿)과 좌우로 뻗은 잎사귀(一) 그리고 줄기(丨)와 뿌리(八)를 그려내고 있죠. 口(구)는 입 모양을 상형한 것으로 다른 자형에 더해지면 '먹고, 말하다'의 뜻뿐만 아니라 한 개체나 들고나는 문 등의 뜻으로 다양하게 활용되고 있습니다. 따라서 和(화)의 전체적인 의미는 풍성하게 수확한 오곡백과(禾)를 여러 사람이 나누어 먹는다(口)는 의미로 해석하기도 하지만, 본디 글자는 입 구(口)가 아니라 풍요와 즐거움을 상징하는 피리 약(龠)이었던 '조화될 龢(화)'였습니다. 즉 풍악(龠)을 울리는 즐거움과 풍성한 먹을 것(禾)이 어우러지니 모든 사람이 '화합'한다는 뜻이 담겨 있죠.

빛 光(광) 은 불 화(火)의 변형부수와 어진 사람 인(儿)으로 구성되었습니다. 火(화)는 타오르는 불꽃을 본떠 만든 상형글자죠. 갑골문과 금문을 참조해 볼 때, 光(광) 자를 이루는 자형상부의 모양에서 세 점으로 된 것은 불 화(火)의 변형이며, 一(일)은 불을 담은 화로로 보입니다. 또한 자형하부는 사람이 꿇어앉은 모양입니다. 따라서 光(광)의 전체적인 의미는 어둠을 밝히기 위해 사람(儿)이 머리 위로 불꽃(火)이 타오르는 횃불이나 화로를 들고 있는 모양으로 인위적으로 밝힌 빛을 뜻합니다. 또 한편으로 우리 인체 중에 빛의 입자인 광자(光子)가 가장 많이 발현되는 곳이 머리 부위인 점을 감안해 보면, 성인(聖人)에게 나타난 후광(後光)과도 전혀 무관하지는 않을 겁니다.

한 가지 同(동) 은 갑골문에도 보이는 자형이지만 통일된 해석이 없습니다. 인문적인 접근을 한다면 대나무와 같이 속이 텅 비었음을 나타낼 뿐만 아니라 마디마디를 절단해도 거의 한결같은 크기라는 뜻이 내포되었다고도 볼 수 있고, 또한 한 무리(冂)의 사람들이 모두 한(一) 목소리(口)를 낸다고도 보아 '한 가지', '함께', '다같이' 등의 뜻이 발생했다고 볼 수 있습니다.

티끌 塵(진) 은 사슴 록(鹿)과 흙 토(土)로 이루어졌습니다. 鹿(록)은 수사슴의 아름다운 뿔과 머리 그리고 몸통과 네 발의 모양을 그려낸 상형글자입니다. 土(토)는 갑골문에서는 흙무더기를 쌓아 놓은 모습이지만 일부에서는 땅(一)에 초목(十)이 나는 모습을 본뜬 글자라고도 합니다. 따라서 塵(진)은 떼 지어 다니는 사슴(鹿)의 발길에 잘게 부수어진 흙먼지(土)라는 데서 '티끌'이라는 뜻을 지니게 되었으며, 나아가 세속(世俗)에 비유되기도 합니다.

多言數窮(다언삭궁) 이란 "지나치게 말이 많으면 자주 궁지에 몰리게 됨"을 이른 말로, 『도덕경』 제5장의 "말이 많으면 궁벽해짐이 잦으니, 그 중간(내면)을 지키는 것만 못합니다(多言數窮, 不如守中)"고 한 대목에서 유래했습니다. 하상공은 이에 대한 주석으로 "너무 많은 일은 신(神)을 해치고 말이 많으면 그 몸을 해치니, 입을 열어 혀를 움직이면 반드시 재난과 근심이 따르게 됩니다. 내면의 덕을 지키는 것만 못하니, 정(精)과 신(神)을 함양하고 길러서 기(氣)를 아끼고 말을 적게 해야 합니다"라고 하였습니다. 하상공은 또 다른 주석에서 "지혜로움을 아는 사람은 자신의 행동을 귀히 여길 뿐, 입을 놀려 말하는 것을 귀하게 여기지 않는데, 사불급설(駟不及舌)이라 했습니다. 즉 네 마리 말이 끄는 아무리 빠른 마차도 사람의 혀놀림에는 미치지 못하니, 말이 많으면 근심 걱정도 많아지게 됩니다"라고도 했습니다.

많을 多(다)는 두 개의 고기 육(肉)의 간략형인 육달 월(月)로 이루어졌습니다. 多(다)에 대해 허신은 『說文』에서 "多(다)는 포개어졌다는 뜻이다. 夕(석)이 포개어진 모양으로 구성되었다. 저녁이란 어둠이 계속 이어져 있기 때문에 多(다)라 한다. 夕(석)이 포개어지면 多(다)가 되고, 日(일)이 포개어지면 疊(첩)이 된다"고 하였습니다. 그러나 갑골문과 금문의 자형을 살펴보면 고기 육(肉)의 모양이 '夕'과 비슷한 모양으로 그려져 있고, 多(다) 자 역시 두 개의 고깃덩어리(夕)가 쌓여 있는 것을 볼 수 있는데, 이에 따라 '많다'라는 뜻이 생겨났습니다.

말씀 言(언)은 입(口)에 나팔 모양의 악기(辛)를 대고서 소리를 낸다는 뜻을 표현하였습니다. 言(언)에 대해 『說文』에서는 "직접 말하는 것을 言(언)이라 하고, 여러 사람이 토론하는 것을 語(어)라고 한다. 口(구)로 구성되었으며 자형상부의 건(辛의 하부에서 一이 빠진 글자)이 소리요소이다"라고 하였습니다. 즉 스스로 생각한 바를 입(口)을 통해 찌르듯이(辛) 말한다는 뜻이죠. 따라서 言(언)이 들어가는 글자는 입을 통해 소리로 묘사하는 다양한 행동들을 나타내게 됩니다.

자주 數(삭, 셀 수)은 별 이름 루(婁)와 칠 복(攵)으로 이루어졌습니다. 婁(루)는 없을 무(毌)와 가운데 중(中) 그리고 여자 여(女)로 이루어진 회의글자지만, 금문에 새겨진 자형을 보면 상형글자임을 알 수 있습니다. 즉 다소곳이 앉은 여인(女)이 머리를 틀어 올려 온갖 장식을 하는 모양이죠. 그래서 '아로새기다', '드문드문하다'의 뜻을 지니게 되었으며, 별자리를 나타내는 28수(宿)의 열여섯 번째 별자리의 이름으로 보다 많이 쓰이고 있습니다. 攵(복)은 攴(복)의 간략형으로 손(又)에 회초리나 몽둥이(卜)를 들고서 친다는 뜻을 지녔습니다. 일반적으로 글월 문(文)과 비슷하여 '글월 攵(문)'이라고도 하는데 주로 자형의 우변에 놓입니다. 따라서 數(삭)의 전체적인 의미는 머리카락을 틀어 올린 여자(婁)의 머리에 온갖 장식을 하면서 흐트러지지 않도록 손에 쥔 작은 막대기(攵)로 여러 번 두들기고 헤아린다는 데서 '셈하다'의 뜻을 지니게 되었으며, 또한 장식물이 떨어지지 않도록 자주 매만진다 하여 '자주'라는 뜻도 갖게 되었습니다.

궁할 窮(궁)은 구멍 혈(穴)과 몸 궁(躬)으로 이루어졌습니다. 穴(혈)은 고대 주거의 형태로 땅을 파내어 만든 동굴 형태 집의 출입구를 본뜬 것으로 상형글자입니다. 躬(궁)은 몸 신(身)과 소리요소인 활 궁(弓)으로 구성되었지만 본래 자형에서는 弓(궁)이 아닌 등뼈 려(呂)입니다. 身(신)은 갑골문의 자형을 보면 배가 불룩한 사람, 즉

아이를 임신한 여자가 허리를 펴고 서 있는 모습으로 표현되어졌습니다. 呂(려)는 등뼈를 두 마디의 척추 뼈로 압축하여 그린 것으로, 일정한 크기로 연결되어 있기 때문에 음악의 '가락'이나 '음률'을 뜻하기도 합니다. 따라서 躬(궁)의 의미는 허리를 펴 서 있을 수도(身) 있고 등뼈를 이용하여 구부릴 수도(呂) 있는 '사람의 몸'을 뜻하게 되었습니다. 이에 따라 窮(궁)의 전체적인 의미는 좁다란 구멍(穴) 안에서는 몸(躬)을 펴거나 구부리기가 어렵다는 데서 '궁하다' 또는 '궁지에 몰리다'는 뜻을 지니게 되었습니다.

天長地久(천장지구) 란 "하늘은 길고 땅은 오래되었다"는 뜻으로, "하늘과 땅은 길이길이 오래도록 변하지 않는다"는 영원성을 이르는 말입니다. 『도덕경』 제7장의 "하늘과 땅은 길이길이 오래되었는데, 천지가 장생하고 장수할 수 있는 이유는 자기만 살려고 하지 않기 때문이며(天長地久, 天地所以能長且久者, 以其不自生,)"라는 대목에서 유래했습니다. 하상공은 이에 대한 주석에서 "천지가 장생하고 장수할 수 있음을 설명함으로써 사람들을 깨우치고 교화하려 한 겁니다. 천지가 오직 장생하고 장수한 이유는 편안하고 고요히 하여 베풀면서도 그 보답을 바라지 않기 때문이며, 또한 자신의 분에 넘치는 이익만을 구하는 데 급급하면서도 다른 사람의 것을 빼앗아 자기 뱃속만 채우려는 사람들의 사는 방식과는 같지 않기 때문입니다"라고 하였습니다.

하늘 天(천) 은 큰 대(大)와 한 일(一)로 이루어진 회의글자입니다. 大

(대)는 사람이 두 팔다리를 활짝 벌리며 서 있는 모습을 정면에서 바라보아 본뜬 상형글자죠. 사람의 다른 모습에 비해 최대한 크게 보이는 형체여서 '크다'는 뜻으로 쓰여 왔습니다. 一(일)에 대해 허신은 『說文』에서 "一은 유추해 보면 처음의 태극(太極)이며, 도(道)는 일을 바탕으로 하늘과 땅을 나누어 만들고 만물을 화육시켜 이루어내었다"고 밝히고 있습니다. 즉 허신은 일을 만물의 근원인 태극으로 보았는데, 만물의 근원을 무극으로 본 도가사상과는 구별됩니다. 따라서 글자의 제작에 있어서도 지사글자인 일(一)은 모든 자형의 근본이 되고 있습니다. 그 뜻은 첫째 또는 처음을 의미하면서도 만물의 근본이기에 '전체'라는 뜻도 지니게 되었습니다. 따라서 天(천)의 전체적인 의미는 사람(大)의 머리 위로 끝없이 펼쳐진 허공(一)을 표시하여 '하늘'이란 뜻을 부여하였습니다.

길 長(장)은 긴 머리카락을 늘어뜨린 노인을 본뜬 상형글자입니다. 長(장)에 대해 허신은 『說文』에서 "長은 오래되고 멀다는 뜻이다. 兀(올)과 匕(화)로 구성되었다. 兦(망)은 소리요소이다. 兀(올)은 높고 멀다는 뜻이다. 오래되면 변화한다"고 하였습니다. 그러나 갑골문의 자형을 살펴보면 사람의 긴 머리와 발을 그린 것으로, 특히 사람의 신체 중 가장 긴 것이 머리카락이므로 '길다'는 뜻으로 쓰였을 뿐만 아니라 어린아이보다는 노인의 머리카락이 보다 길기 때문에 '어른'을 뜻하기도 하였습니다. 즉 자형의 상부는 풀어헤친 머리칼을 본뜬 모양이며, 하부는 발의 모양을 나타내려 한 것이죠. 보통 남자들은 정수리나 머리 뒷부분에 상투를 틀어 올렸는데, 머리숱이 드문 노인들은 그냥 산발한 채 지내는 경우가 많았습니다. 따라서 長(장)의 본뜻은 '산발한 노인'이었다가 '어른', '우두머리', '길다'란 의미를 지니게 되었습니다. 또 그 뜻이 확장된 '늘이다'라는 의미도 지니게 되었죠.

땅 地(지) 는 흙 土(토)와 어조사 야(也)로 이루어져 있습니다. 土(토)는 갑골문에는 흙무더기를 쌓아 놓은 모습인데, 일부에서는 땅(一)에 초목(十)이 나는 모습을 본뜬 글자라고도 합니다. 也(야)는 여성의 성기를 본뜬 상형글자이지만, 지금은 본뜻을 잃고 문장의 끝에 놓아 종결사적 의미뿐만 아니라 '또한', '역시'와 같은 접속사로서의 역할을 하고 있습니다. 금문에 그려진 地(지)는 현재 자형과 아주 다른 모양이었으나 소전에 이르러서 지금과 같은 형태를 갖추게 되었습니다. 즉 인문학적인 의미를 더해 흙(土)은 여성의 음부(也)와 같이 만물을 생산한다는 데서 '땅'을 뜻하게 되었습니다.

오랠 久(구) 에 대해 허신은 『說文』에서 "久는 사람을 뒤에서 받치고 있는 모습이다. 사람의 두 정강이 뒤에 무언가 달려 있는 모양을 본떴다"고 하였습니다. 갑골문이나 금문에는 보이지 않는데, 이 久(구) 자에 대해서는 몇 가지 설이 있습니다. 첫째는 한쪽 다리를 잘랐으니 그 걸음걸이가 더뎌 목적지에 다다르기까지는 '오래' 걸린다는 것, 둘째는 다리에 족쇄를 채웠으니 또한 그 걸음걸이가 '오래' 걸린다는 것, 셋째는 사람의 뒤꽁무니를 붙들고서 놓아주지 않으니 당사자로서는 아주 '길고 오래' 동안 붙들린 것처럼 느낀다는 것, 마지막으로 사람의 등이나 엉덩이에 불에 달군 쇠붙이로 낙인을 찍게 되면 그 흔적이 '오래 간다'는 것 등이죠. 필자가 보기에는 마지막 주장이 보다 설득력이 있습니다. 처음에는 죄수나 노예를 구별하기 위한 낙인이었지만, 후에는 뜸과 치료술로도 쓰였을 것이기 때문이죠. 그런데 久(구) 자가 이러한 본뜻과는 달리 '오래'라는 의미로 쓰이자, 원래의 뜻을 살리기 위해 불 火(화)를 더해 '뜸 灸(구)'를 따로 만든 것으로 유추됩니다.

上善若水(상선약수) 란 "가장 좋은 것은 물과 같다"는 뜻으로, 그 이유를 노자는 『도덕경』 제8장에서 "물은 만물을 아주 이롭게 하면서도 다투지 않고(水善利萬物而不爭), 많은 사람들이 싫어하는 곳에 머물기도 하며(處衆人之所惡), 그러므로 물은 도(道)에 가깝습니다(故 幾於道)"라고 했습니다. 하상공은 이러한 물에 대해 "네모질 수도 있고 둥글게 될 수도 있으니, 굴곡지든 똑바르든 그 형체를 따릅니다. 여름에는 녹고 겨울에는 얼어붙어 시기에 따라 움직이니, 자연의 운행시기를 잃지 않습니다. 막으면 멈추고, 터놓으면 흘러가니, 사람의 의도를 잘 따릅니다"고 주석하고 있습니다.

윗 上(상) 은 사람의 생각을 추상적으로 표현한 대표적인 지사(指事) 글자입니다. 갑골문에 새겨진 자형을 보면 드넓은 지평선을 의미하는 긴 횡선 위에 보다 짧은 가로선을 그은 '二' 모양이었다가 금문으로 오면서 위의 짧은 횡선이 세로로 바뀐 'ㅗ' 모양으로 바뀌고, 다시 상단 오른쪽에 점(丶) 하나를 더 찍어 오늘날의 자형이 되었습니다. 그 뜻은 지평선(一)보다 높은 위치(卜)를 나타내 '위', '높다' 등의 의미를 부여하였습니다.

▪착할 선(善) 은 양 양(羊)과 말다툼할 경(誩)의 생략형으로 이루어져 있습니다. 羊(양)은 예부터 상서로운 동물로 여겼는데, 두 뿔과 몸통 및 네 발 그리고 꼬리 모양을 본뜬 상형글자입니다. 羊(양)은 牛(소)와 함께 신에게 바치는 대표적인 동물로 희생할 犧(희)의 자형을 이루고, 또한 착하고 온순하다는 이미지를 빌어 살펴볼 善(선)자의 부수로 활용되고 있습니다. 금문에 처음 보인 善(선)의 자형 하부는 본래 말씀 언(言) 자 두 개가 겹쳐진 誩(경)이었는데, 단순화하여 입(口)을 강조하고 있습니다. 言(언)은 입(口)속의 혀(二)를 통해 나오는 말을 어떠한 기운(상부의 二)으로 기호화한 것이죠. 따라서 두 사람이 언성을 높여 말다툼한다는 것을 誩(경)이라는 글자에 담았습니다. 그러나 사람이 아닌 양(羊)의 경우에는 두 마리 이상이 어울려도 그 하는 말들이(言+言) 오순도순 정답게 보여 '착하다', '좋다'는 의미를 부여했습니다.

▪같을 若(약) 은 풀 초(艹)와 오른쪽 우(右)로 이루어져 있습니다. 갑골문에는 사람이 두 손에 무언가를 쥐고 머리 위로 들어 올려 흔들어대는 모양인데, 아마도 신대를 잡은 무녀가 점을 치는 행위인 것 같습니다. 그래서 신(神)이 말하려는 것과 무녀의 입에서 나온 말이 '같다'는 의미를 나타내려 한 것이 아니었던가 추측해 봅니다. 그러나 글자 역시 사상의 발전에 따라 그 표현도 달라지는데, 현재

자형을 인문학적인 측면에서 살펴보면 다음과 같습니다. ++(초)는 풀 艸(초)의 간략형으로 무성하게 돋아난 풀을 뜻하고, 右(우)는 자신이 아닌 남을 도울 때는 주로 오른손(又)을 사용하면서 입(口)도 거들게 되는 것처럼 '돕다'가 본뜻이었는데, '오른손'이라는 의미로 쓰이자 사람 인(亻)을 더해 '도울 佑(우)'를 별도로 제작하였습니다. 따라서 若(약)의 전체적인 의미는 손(右)으로 골라 뽑아내는 풀(++)이 비슷비슷하다는 데서 '같다'는 뜻을 지니게 되었고, '만약'이나 '너'라는 의미는 가차된 겁니다.

물 水(수)는 강물이 한데 모아지고 나누어지는 물줄기를 본뜬 상형 글자입니다. 水(수)에 대해 허신은 『說文』에서 "水(수)는 평평하다는 뜻이다. 북쪽 방위를 나타내는 오행이다. 여러 물줄기가 나란히 흐르는 가운데 미미한 양(陽)의 기운이 있는 것을 본떴다"고 하였습니다. 갑골문의 자형이 역(易) 괘체 중의 하나인 물을 뜻하는 坎(감, ☵)을 세로로 세운 것과 같아 외곽의 음(陰, --)이 가운데 양(陽, ─)을 에워싼 모양에 빗대어 설명한 것이죠.

專氣致柔(전기치유)란 "자기의 정기를 오로지 한결같게 하면 몸도 부드럽게 된다"는 뜻으로, 『도덕경』 제10장의 "마음을 한곳에 집중하면 혼과 백이 떠날 수 없으며, 그 정기를 오로지 한결같게 하면 몸도 부드럽게 되어, 갓난아이처럼 될 수 있습니다(抱一, 能無離, 專氣致柔, 能嬰兒.)"라는 대목에서 유래했습니다. 하상공은 이에 대해 "사람이 한곳(현빈, 玄牝)에 집중하여 혼과 백이 몸에서 떠나지 않게 하면 장수할 수 있음을 말한 겁니다. 하나(一)란 도가 처음 낳은 것으로 지극히 조화된 정기(精氣)이기 때문에 하나라고 합니다. 그 하나는 천하에 그 이름을 펼치니, 하늘은 하나를 얻어야 맑게 되고, 땅은 하나를 얻어야 안정되며, 제후나 왕은 하나를 얻어야 바르고 공정해집니다. 그 하나는 인체에 들어와서는 마음이 되고, 몸 밖으로 내면 행동이 되며, 그것을 잘 베풀면 덕이 되니, 총체적으로 이름하여 하나라고 했던 겁니다. 하나라고 말하는 것은 오직 그 뜻이 하나이지 둘이 아님을 의미합니다. 정기를 오로지 한결같게 지켜 어지럽지 않게 하면, 몸도 거기에 응하여 부드럽게 따르게 됩니다. 갓난아이와 같이 안으로 근심걱정이 없게 되고, 밖으로 정사에 구애받지 않으면 정과 신이 떠나지 않게 됩니다"라며 긴 주석을 달고 있습니다.

오로지 專(전) 은 오로지 전(叀)과 마디 촌(寸)으로 이루어졌습니다. 叀(전)은 專(전)과 동일한 뜻을 지니고 있는데, 실을 잣아 감아두는 실패 모양(叀)을 본뜬 겁니다. 寸(촌)이 단독으로 쓰일 때는 '마디'나 '촌수', '마음'이라는 뜻으로 쓰이기도 하며, 다른 부수와 합해질 때는 주로 손의 용도로 쓰입니다. 이에 따라 專(전)의 의미는 실패(叀)를 손(寸)으로 잡고서 물레에 잣아 둔 실을 감을 때는 다른 생각 없이 오로지 마음을 집중(專心)하여야만 실이 꼬이지 않는다는 점에서 '오로지'라는 뜻을 지니게 되었습니다.

기운 氣(기) 는 기운 기(气)와 쌀 미(米)로 구성되었습니다. 气(기)는 구름이나 수증기가 하늘로 올라가는 모습으로, 눈에 보이지 않는 파동을 상징적으로 표현한 글자입니다. 그래서 보다 구체적으로 그 뜻을 나타내기 위해 쌀(米)로 밥을 지을 때 솥에서 나는 증기(气)를 덧붙여 '기운'의 모습을 형상화하였습니다. 모든 사물은 이러한 보이지 않는 기운, 즉 파동으로 연결되어 있음을 옛사람들은 이미 파악한 것이죠.

이를 致(치) 는 이를 지(至)와 칠 복(攵)으로 이루어져 있습니다. 至(지)에 대해 허신은 『說文』에서 "至는 새가 높은 곳으로부터 날아와 땅으로 내려온다는 뜻이다. 一(일)로 구성되었으며, 一(일)은 땅을 뜻하고 상형글자다. 위로 올라가지 않고 아래로 내려온다는 뜻이다"라고 하였습니다. 갑골문에도 보이며, 혹자는 화살이 멀리에서 날아와 땅에 꽂히는 모양을 본뜬 것이라고 해석하기도 합니다. 그러나 하늘로 날아갔던 새가 땅으로 내려오는 모습을 담은 상형글자로 보는 게 일반적입니다. 새가 하늘로 날아가 잘 보이지 않는 것을 不(불)이라 하여 '――이 아니다'는 부정적인 의미를 부여했고, 그 날아갔던 새가 다시 땅에 이르는 것을 至(지)라 하였습니다. 攵(복)은 攴(복)의 간략형으로 손(又)에 회초리나 몽둥이(卜)를 들고서 친다는 뜻을 지녔습니다. 따라서 致(치)의 전체적인 의미는 어떤 곳에 이를(至) 수 있도록 회초리를 들고서 친다(攵)는 데서 '이르다'는 뜻을 부여하였습니다.

부드러울 柔(유) 는 창 모(矛)와 나무 목(木)으로 이루어져 있습니다.

矛(모)는 긴 나무 끝에 날카로운 쇠창을 박고 또한 작은 깃발이나 장식을 단 모양의 '창'을 본뜬 상형글자입니다. 특히 쇠로 만든 칼 끝이 꼬부라지고(ㄱ) 또한 옆으로는 갈고리처럼 굽어진 모양(ㄱ)의 칼날이 달렸으며 깃발이나 장식(ノ)을 달았습니다. 주로 전투용 병차에 앞세우고 다녔죠. 이에 따라 柔(유)의 전체적인 의미는 이러한 창(矛)은 부드럽고 나긋나긋한 긴 나무(木)를 사용해야 탄력성을 갖춘 유용한 무기가 된다는 데서 '부드럽다'는 뜻을 지니게 되었습니다.

微妙玄通(미묘현통) 이란 "그 뜻이 미묘하여 하늘과 통한다"는 뜻으로, 『도덕경』 제15장의 "옛날의 득도한 훌륭한 사람은 그 뜻이 미묘하고 하늘과 통하여, 그 깊이를 알 수 없습니다.(古之善爲士者, 微妙玄通, 深不可識.)"라는 대목에서 유래했습니다. 이에 대해 하상공은 "득도한 군자를 말합니다. 현(玄)은 하늘을 의미합니다. 그의 의지와 절개가 현묘하여 정기가 하늘과 통함을 말한 겁니다. 그러니 도와 덕이 심원하여 알아서 인식할 수 없습니다. 안을 들여다보면 마치 장님과 같아지고, 되돌려 들어보면 마치 귀머거리와도 같아지니, 누구도 그의 장점을 알지 못합니다"라고 주석을 달고 있습니다.

작을 微(미) 는 네거리를 상형한 다닐 행(行)의 생략형인 척(彳)과 자잘할 미(자형 우측)로 이루어졌습니다. 자형 우측의 자잘할 미(山+一+几+攵)의 갑골문을 살펴보면, 긴 머리를 산발한 채 앉아 있는 노인을 상형한 長(장) 자에 몽둥이를 든 손 모양을 상형한 칠 복(攵)이 그려져 있습니다. 갑골에 새겨진 그림대로라면 연약한 노인을 누군가 몽둥이로 내려치는 모습을 상상할 수 있죠. 이는 고대 중원의 일부지역에서 행해진 풍속을 글자화한 것이라는 주장이 제기되고 있습니다. 즉 일부 고대인들의 윤회관에 따르면 사람이 죽기 직전에 피를 흘려야만 몸속의 영혼이 빠져나가 다시 환생할 수 있다고 믿었습니다. 죽은 사람의 가슴에 피를 내며 문신을 새기는 풍속을 반영한 '무늬 文(문)'과도 관련된 풍속이죠. 이러한 끔찍한 풍속은 인문적인 지식의 발달과 함께 사라졌는데, 글자 역시도 소전 이후에는 長(장)자 대신 현재와 같은 자형으로 변형되었습니다. 본래의 뜻은 암암리에 '상처를 내다'가 본뜻이었으나 자형 변화와 함께 네거리를 뜻한 彳(척)도 그 이후에 추가된 것이죠. 즉 큰 산 모양을 본뜬 산(山) 아래 놓인 작은 탁자(几) 위에 놓인 어떠한 물건(一)을 두드려 부수어(攴=攵)보았자 산에 비해 작다는 데서 '작다', '어렴풋하다'는 뜻을 지니게 되었으며, 또한 彳(척)이 더해지며 微行(미행)에서처럼 '몸을 숨기고 다니다'의 뜻도 발생했습니다.

묘할 妙(묘) 는 여자 여(女)와 적을 소(少)로 이루어져 있습니다. 女(여)는 무릎을 꿇고서 두 손을 모아 신에게 기도하는 사람을 그려낸 상형글자입니다. 모계사회 때 만들어진 글자로 당시에는 남자보다는 여자가 중심이 되어 제사를 주도하게 되었는데, 이후 부계사회로 넘어오면서 여자를 지칭하는 대명사로 남게 되었습니다. 초기글자인 갑골문을 살펴보면 '작다'는 뜻을 지닌 '小(소)'는 세

개의 점으로 그리고 少(소)는 네 개의 점으로 표시되었습니다. 두 글자 모두 작은 무언가를 표시한 것으로 새겨져 있죠. 이러한 小(소)에 대해 허신은 『說文』에서 "小는 사물이 아주 작다는 뜻이며 八로 구성되었다"고 하였습니다. 즉 어떤 사물(ㅣ)을 반으로 나누었기(八) 때문에 작아졌다는 의미로 해석하고 있죠. 또한 少(소)에 대해서는 小(소)를 의미요소로, ' ノ ' 모양은 소리요소로 파악하였습니다. 일반적으로 小(소)는 어떠한 사물이 '작다'는 뜻으로 그리고 少(소)는 '적다'는 의미로 구분하여 활용하고 있으나 고대에는 거의 동일한 의미로 쓰였습니다. 이 妙(묘) 자는 한나라 때 제작된 『說文』에 수록되어 있지 않은 것으로 보아 그 이후에 제작된 글자로 보입니다. 이에 따라 妙(묘)의 의미는 체구가 작고 젊은(少) 여자(女)라는 데서 '예쁘다', '오묘하다', '젊다'의 뜻을 지니게 되었으며, 묘령(妙齡)이라 하여 스물 안팎의 꽃다운 나이의 여자를 말하기도 합니다.

가물 玄(현) 은 돼지해머리 두(亠)와 작을 요(幺)로 이루어져 있습니다. 사전에서는 두 요소가 합해져 만들어진 회의글자로 분류하고 있지만, 의미는 그렇지가 않습니다. 여기서 亠는 하늘 저 멀리 날아간 새를 뜻하는데, 시야에서 너무 멀리 떨어져 보일 듯 말듯 작아져(幺) 가물가물하다는 의미를 담고 있는 상형적 글자입니다. 그래서 가물 현(玄)은 무한히 펼쳐진 하늘을 뜻합니다. 검다(墨)는 뜻이 아닙니다.

통할 通(통)은 쉬엄쉬엄 갈 착(辶)과 길 용(甬)으로 구성되었습니다. 辶(착)의 본래 자형은 辵(착)으로 가다(彳) 서다(止)를 반복하며 쉬엄쉬엄 가다는 뜻을 지닙니다. 甬(용)은 자형상부를 이루는 무언가를 매달거나 들 수 있는 손잡이 모양과 쓸 용(用)으로 구성되었습니다. 用(용)은 통나무 속을 파내거나 대나무와 같이 속이 빈 '나무통' 혹은 잔가지를 엮어 만든 '울타리'를 본떴다고도 하며, 일각에서는 금문이나 소전의 자형을 보고 점사(卜)가 딱 들어맞으면(中) '사용한다'는 데서 유래를 찾기도 합니다. 그러나 甬(용)의 금문과 소전을 살펴보면 손잡이가 달린 나무통이 유력합니다. 그런데 이러한 '나무통'의 뜻으로 쓰이기보다는 속이 빈 통나무와 같이 담으로 둘러진 '골목길'의 뜻으로 더 쓰이게 되었죠. 따라서 通(통)의 전체적인 의미는 골목길(甬)이 또 다른 길로 이어져 나아갈(辶) 수 있다는 데서 '통하다'는 뜻을 지니게 되었습니다.

노자도덕경하상공장구

권2

卷 2

다른 사람을 아는 자는 지혜롭고,

知人者智,

다른 사람이 무엇을 좋아하고 싫어하는지를 알 수 있으면 지혜롭게 됩니다.

能知人好惡, 是爲智.

자기 자신을 아는 자는 밝게 됩니다.

自知者明.

사람이 자신의 현명함과 모자람을 알 수 있으면, 주의를 몸속으로 되돌려 소리 없는 것도 듣게 되고, 형체 없는 것도 보게 되기 때문에 밝게 되는 겁니다.

人能自知賢與不肖, 是爲反聽無聲, 內視無形, 故爲明也.

다른 사람을 이기는 자는 힘이 있다고 할 수 있지만,

勝人者有力.

다른 사람을 이길 수 있는 자는 위엄과 힘이 있는 것에 지나지 않습니다.

能勝人者, 不過以威力也.

자기 자신을 이기는 자야말로 강합니다.

自勝者强.

사람이 스스로 자기의 오욕칠정을 이길 수 있으면 천하에 자기와 다툴 수 있는 자가 없기 때문에 강하게 되는 겁니다.

人能自勝己情欲, 則天下無有能與己爭者, 故爲强也.

제17장   순박하고 소박한 풍습의 세상

순풍(淳風)

태고 시절 임금에 대해, 백성들은 그가 존재하고 있는 정도만 알 았습니다.

太上, 下知有之.

태상(太上)이란 아주 먼 옛날의 이름도 모르는 임금을 말합니다. 아래의 백성들이 그가 존재하고 있는 정도만 알았다는 것은, 백성 으로서 위에 임금이 있다는 것은 알았지만 신하로서 섬기지는 않 았을 정도로 그 바탕이 소박하였다는 겁니다.

太上, 謂太古無名之君. 下知有之者, 下知上有君, 而不臣事, 質 朴也.

그 다음의 임금은, 백성들이 어버이처럼 여기고 찬양을 하였습니다.

其次, 親之譽之.

그 덕을 볼 수 있고, 은혜로움을 칭송할 수 있었기 때문에 가까이서 아끼고 찬양을 하였습니다.

其德可見, 恩惠可稱, 故親愛而譽之.

그 다음 임금은, 백성들이 두려워하였습니다.

其次畏之.

형벌과 법을 제정하여 백성을 다스렸기 때문이죠.

設刑法以治之.

그 다음 임금은, 백성들이 업신여겼습니다.

其次侮之.

금지하는 것이 많아지고 법령이 번거로워져 진실함으로 되돌아갈 수 없기 때문에 백성들은 임금을 속이고 업신여기게 됩니다.

禁多令煩, 不可歸誠, 故欺侮之.

백성에 대한 믿음이 부족하면, 백성들도 임금을 믿지 않게 됩니다.

信不足焉, (有不信焉).

임금의 백성에 대한 신뢰가 부족해지니, 백성들도 그에 따라서 믿지 않게 되어 임금을 속이게 됩니다.

君信不足於下, 下則應之以不信, 而欺其君也.

가장 훌륭한 최초의 임금은 말을 아끼고 신중합니다.

猶兮其貴言.

가장 훌륭한 최초의 임금이 일을 행함에 있어 말을 아끼고 신중하게 함은, 도에서 멀어져 자연스러움을 잃어버리는 것을 두려워하기 때문임을 설명한 겁니다.

說太上之君, 擧事猶, 貴重於言, 恐離道失自然也.

공로가 이루어지고 일이 완수되어도,

功成事遂,

천하 세상이 태평성대를 이루어감을 말한 겁니다.

謂天下太平也.

백성들 모두가 '우리 스스로가 그렇게 이룬 것'이라고 여깁니다.

百姓皆謂我自然.

백성들은 가장 훌륭한 임금의 덕이 순박하고 두터워서 그러한지를 알지 못하고, 도리어 자기들 스스로가 마땅히 그렇게 이룬 것이라고 생각합니다.

百姓不知君上之德淳厚, 反以爲己自當然也.

제18장   세상 풍속이 얄팍해짐

속박(俗薄)

큰 도가 사라지자, 어짊(仁)과 의로움(義)이 생겨났고,

大道廢, 有仁義;

큰 도가 유행할 때에는 집안에 효자가 있었고, 가문에는 충성과 신의가 있어 어짊과 의로움이 나타나지 않았습니다. 그러나 큰 도가 없어져 활용되지 않자 악함과 역도가 생겨났으며 곧 어짊과 의로움이 생겨나 도를 대신 전하게 되었습니다.

大道之時, 家有孝子, 戶有忠信, 仁義不見也. 大道廢不用, 惡逆生, 乃有仁義可傳道.

모략과 지략이 생겨나자, 보다 큰 위선이 있게 되었으며,

智慧出, 有大僞;

모략이나 지략이 뛰어난 군주는 덕을 천시하고 꾸며낸 말을 더 귀중하게 여기고, 본질을 멸시하고 꾸밈을 보다 귀하게 여기니, 아래 백성들은 그를 따라서 큰 위선과 간사한 속임수를 꾸며내게 됩니다.

智慧之君賤德而貴言, 賤質而貴文, 下則應之以爲大僞姦詐.

가족 관계가 조화롭지 못하자, 효도와 자애로움이 있게 되었고,

六親不和, 有孝慈;

가족 간의 기강이 무너지고, 친척 관계가 화합되지 못하자, 곧 효

도와 자애로움이 나타나 서로 토닥이고 양육하게 되었습니다.

六紀絶, 親戚不合, 乃有孝慈相牧養也.

나라가 어지러워지자, 충성스러운 신하가 생겨났습니다.

國家昏亂, 有忠臣.

정치와 법령이 제대로 시행되지 않고, 위아래가 서로 원망하고, 사사로이 당파에 치우쳐 권력다툼이 일어나고서야 곧 충신이 나타나 나라의 군주를 바로잡게 된다는 겁니다. 이는 천하가 태평하면 인(仁)을 알 필요가 없어지며, 사람들 모두가 사사로운 욕심이 없으면 청렴 같은 것을 알 필요가 없어지고, 각기 스스로 자신을 깨끗하게 한다면 정절 같은 것은 알 필요가 없게 됨을 말한 겁니다. 큰 도가 유행하는 세상에서는 어짊이니 의로움이니 하는 것도 없어지고, 효도니 자애니 하는 것도 사라지니, 마치 태양이 밝게 빛나면 뭇 별들이 빛을 잃는 것과 같은 이치죠.

政令不行, 上下相怨, 邪僻爭權, 乃有忠臣匡正其君也. 此言天下太平不知仁, 人盡無欲不知廉, 各自潔己不知貞. 大道之世, 仁義沒, 孝慈滅, 猶日中盛明, 衆星失光.

제19장　　본래의 순박함으로 돌아감

환순(還淳)

성스러워 하는 체를 그만두고,

絕聖,

성스러워 하는 체를 그만두고 인위적인 조작을 제어하여, 처음으로 돌아가 근원을 지켜야 합니다. 오제(소호少昊 · 전욱顓頊 · 제곡帝嚳 · 요堯 · 순舜)는 괘상(象)을 그려냈고 창힐(倉頡)은 글자를 만들었지만, 삼황(복희씨伏羲氏 · 신농씨神農氏 · 여와씨女媧氏) 시절에 글자도 없이 새끼줄 매듭으로 소통했던 시대보다 못했습니다.

絶聖制作, 反初守元. 五帝垂象, 倉頡作書, 不如三皇結繩無文.

지식인인 체하는 것을 버리면,
棄智,

지혜로운 척하는 것을 버리고, 인위적으로 하는 일이 없는 무위(無爲)로 돌아가야 합니다.

棄智慧, 反無爲.

백성들의 이로움이 백배나 늘어날 겁니다.
民利百倍;

농사일에 힘쓰고 이웃과 더불어 살며 사사로움이 없어지기 때문입니다.

農事修, 公無私.

인을 끊고 의를 버리면,
絕仁棄義,

은혜로움을 드러내는 인을 끊고, 화려한 말을 드높이는 의를 버려야 합니다.

絶仁之見恩惠, 棄義之尚華言.

백성들은 효성과 자애를 회복할 겁니다.

民復孝慈;

백성의 덕성이 순박해지기 때문입니다.

德化淳也.

재간 부리는 짓을 그만두고 잇속 차리는 짓거리를 버리면,

絕巧棄利,

재간 부리는 짓을 그만둔다는 것은 거짓되게 속이고 참됨을 어지럽히는 짓을 그만둔다는 뜻입니다. 잇속 차리는 짓거리를 버린다는 것은 탐욕의 길을 막고 권력의 문호를 닫는다는 의미랍니다.

絕巧者, 詐僞亂眞也. 棄利者, 塞貪路閉權門也.

도적떼들이 없어질 겁니다.

盜賊無有.

위에서부터 공평하고 바르게 변화를 일으키면, 아래에서도 사악함과 사사로움이 없어질 겁니다.

上化公正, 下無邪私.

이 세 가지는,

此三者,

앞에서 말한 그만두거나 버리는 세 가지 일들을 가리킵니다.

謂上三事所棄絕也.

꾸며대는 일일 뿐이어서 부족함이 있으니,

以爲文不足,

꾸며대는 일일 뿐이어서 부족함이 있다는 것은 꾸며대는 것으로
는 백성들을 교화하기에 부족함이 있다는 뜻입니다.

以爲文不足者, 文不足以敎民.

그러므로 무언가 덧붙여야 할 것이 있습니다.

故令有所屬.

마땅히 다음 구절과 같은 것들입니다.

當如下句.

소박함을 드러내고 질박함을 끌어안으며,

見素抱朴,

소박함을 드러낸다는 것은 마땅히 소박함을 끌어안고 참됨을 지
켜, 꾸미거나 치장하는 것을 숭상하지 않는다는 겁니다. 질박함을
끌어안는다는 것은 마땅히 그 질박함을 끌어안아 아래 백성들에게
보여준다는 것이니, 그러므로 법칙이 될 수 있다는 것이죠.

見素者, 當抱素守眞, 不尙文飾也. 抱朴者, 當抱其質朴, 以示下, 故
可法則.

개인주의적인 사사로움을 적게 하고, 나만을 위하는 욕심을 줄이자는 겁니다.

少私寡欲.

개인주의적인 사사로움을 적게 한다는 것은 공정하여 사사로움이 없다는 겁니다. 나만을 위하는 욕심을 줄이자는 것은 마땅히 만족함을 알아야 한다는 뜻입니다.

少私者, 正無私也. 寡欲者, 當知足也.

제20장 세속 사람과 차원이 다른 사람
이속(異俗)

배우는 것을 그만두면,

絶學,

진실하지 않은 것이나 도에 들어맞지도 않는 문장을 배우는 것을 그만둔다는 겁니다.

絶學不眞, 不合道文.

근심걱정이 없어질 겁니다.

無憂.

뜬구름 같은 허영을 버리면 근심과 걱정이 없어질 겁니다.

除浮華則無憂患也.

'예'라고 하는 것과 '응'이라고 대답하는 것이 서로 얼마나 차이가
있겠습니까?

唯之與阿, 相去幾何?

한 가지로 응대하는 것이니 서로 얼마나 차이가 있겠습니까? 당
시의 군주가 질박함을 천하게 여기고 꾸며댐을 귀하게 여기는 것
을 병폐로 여긴다는 겁니다.

同爲應對而相去幾何? 疾時賤質而貴文.

선하다는 것과 악하다는 것이 서로 얼마나 차이가 있겠습니까?

善之與惡, 相去何若?

선한 자는 칭찬하고 악한 자는 헐뜯어대지만 서로 얼마나 차이가
있겠습니까? 당시의 군주가 충성스럽고 올바른 사람을 싫어하고,
간사하고 아첨하는 자를 등용하는 것을 병폐로 여긴다는 겁니다.

善者稱譽, 惡者諫諍, 能相去何如? 疾時惡忠直, 用邪佞也.

사람들이 두려워하는 것을 두려워하지 않을 수는 없습니다.

人之所畏, 不可不畏.

여기서 인(人)은 도를 따르는 사람(道人)을 말합니다. 사람들이
두려워하는 것이란, 배움을 그만두지 못하는 임금을 두려워한다
는 겁니다. 두려워하지 않을 수 없다는 것이란, 얼굴색을 바꾸어
아첨하는 자를 가까이하고 어질고 착한 사람을 제거하는 짓을 말
합니다.

人謂道人也. 人所畏者, 畏不絕學之君也. 不可不畏, 近令色, 殺

仁賢.

황망스럽구나! 아직도 그 모든 것이 제자리를 잡지 못했구나!

荒兮其未央哉!

세속 사람들은 황망스럽고 혼란스러워 배움의 길로 나아가 빛나고 싶어 하지만 아직 그 모든 것이 제자리를 잡지 못했음을 말하는 겁니다.

言世俗人荒亂, 欲進學爲文, 未[有]央止也.

모든 사람은 즐거워하기를,

衆人熙熙,

희희(熙熙)란 방탕하고 음란하여 정분이나 욕심이 다분함을 의미합니다.

熙熙, 放淫多情欲也.

마치 큰 소를 잡아 제사를 지내는 것처럼 하고,

如享太牢,

마치 배고픔에 굶주렸을 때 큰 소를 잡아 올린 잘 차려진 제사상을 생각하는 것처럼 마음에 만족함이 없다는 겁니다.

如飢思太牢之具, 意無足時也.

마치 봄날 망루에 오른 것처럼 즐기는데,

如春登臺,

봄에는 음과 양이 서로 통정하여 만물도 교감하고 발동하니, 망루에 올라 그 모습을 바라보는 기분 또한 그렇게 음란해진다는 겁니다.

春陰陽交通, 萬物感動, 登臺觀之, 意志淫淫然.

나만 홀로 오도카니 그 어떤 징조도 찾아볼 수 없으니,

我獨怕兮其未兆,

나만 홀로 오도카니 그렇게 편안하고 고요히 있으니, 아직 그 어떤 욕정의 모습이나 조짐도 찾아볼 수 없다는 겁니다.

我獨怕然安靜, 未有情欲之形兆也.

마치 아직 웃지도 못하는 갓난아이와 같고,

如嬰兒之未孩,

인형처럼 아직 대답할 수 없는 갓난아이 시절과 같다는 겁니다.

如小兒未能答偶人時也.

업신여기고 업신여겨져 마치 되돌아갈 곳도 없는 사람과도 같습니다.

乘乘兮若無所歸.

나는 궁색하고 비천한 사람처럼 업신여겨져 되돌아갈 곳도 없다는 겁니다.

我乘乘如窮鄙, 無所歸就.

많은 사람들이 모두 여유가 있는데,

衆人皆有餘,

많은 사람들이 남아도는 재산으로 사치를 하고, 지나친 지식으로 남을 속인다는 겁니다.

衆人餘財以爲奢, 餘智以爲詐.

나 홀로 버려진 빈털터리 같고,

而我獨若遺,

나 홀로 버려지고 포기된 듯하고, 부족한 듯하다는 겁니다.

我獨如遺棄, 似於不足也.

나만 바보 같은 마음을 지녔으니,

我愚人之心也哉,

세속 사람들과는 서로 어울리지도 않고, 오직 하나(一=道)에 집중(守一)한 채 마음을 고요히 하니 마치 바보와 같은 마음이라는 겁니다.

不與俗人相隨, 守一不移, 如愚人之心也.

어리석고 우매한 것 같습니다.

沌沌兮.

이것저것 분별하는 마음이 없다는 겁니다.

無所分別.

세속 사람들은 잇속에 밝고 밝은데,

俗人昭昭,

세속 사람들은 잇속에 밝고 또한 통달해 있다는 겁니다.

明且達也.

나 홀로 아둔한 것 같고,

我獨若昏;

어둡고 우매한 것 같다는 겁니다.

如闇昧也.

세속 사람들은 급하면서 재빠른데,

俗人察察,

찰찰(察察)은 급하고 재빠르다는 의미입니다.

察察, 急且疾也.

나 홀로 흐리멍덩합니다.

我獨悶悶.

민민(悶悶)은 아직 쪼개거나 재단하지 않은 상태를 말합니다.

悶悶, 無所割截.

바다와 같이 드넓습니다.

忽兮若海.

나 홀로 넓고 넓어, 마치 강이나 바다의 흐름처럼 그 끝을 알 수가 없습니다.

我獨忽忽, 如江海之流, 莫知其所窮極也.

쉼 없이 나부끼는 바람과도 같습니다.

漂兮若無所止.

나 홀로 나부끼는 바람과 같아 드높이 날아오름이 멈춤도 없으니, 마음이 신선의 영역에 있는 겁니다.

我獨漂漂, 若飛若揚, 無所止也, 志意在神域也.

많은 사람들은 모두 무언가 뚜렷한 목적이 있는데,

衆人皆有以,

이(以)는 무언가 뚜렷한 목적이 있는 유위(有爲)라는 의미입니다.

以, 有爲也.

나 홀로 목적도 없이 우둔하여 비천한 사람 같으나,

而我獨頑似鄙,

나 홀로 인위적으로 하는 일이 없는 무위(無爲)로 하니, 비천한 사람 같기도 하고, 목적에 다다를 것 같지도 않다는 겁니다.

我獨無爲, 似鄙, 若不逮也.

나 홀로 사람들과 다른 것은,

我獨異於人,

나 홀로 사람들과는 다르다는 겁니다.

我獨與人異也.

나 홀로 어미(道)의 쓰임을 귀하게 여기기 때문입니다.

而貴食母.

식(食)은 쓰임을, 모(母)는 도(道)를 의미합니다. 나 홀로 도의 쓰임을 귀하게 여긴다는 것이죠.

食, 用也. 母, 道也. 我獨貴用道也.

제21장 마음을 텅 비운다는 것
허심(虛心)

큰 덕을 지닌 포용력 있는 사람은,

孔德之容,

공(孔)은 크다는 의미입니다. 큰 덕을 갖춘 사람은 포용하지 않는 것이 없어서 더러움이나 흐릿함도 수용할 수 있으니, 겸손한 마음으로 낮은 곳에도 머물 수 있습니다.

孔, 大也. 有大德之人無所不容, 能受垢濁, 處謙卑也.

오로지 도만을 따릅니다.

唯道是從.

유(唯)는 오로지라는 의미입니다. 큰 덕을 갖춘 사람은 세속 사람들이 행하는 것을 따르지 않고, 오로지 도만을 따릅니다.

唯, 獨也. 大德之人, 不隨世俗所行, 獨從於道也.

도라고 하는 것은 만물에 대해 오로지 없는 듯 있는 듯할 뿐입니다.

道之爲物, 唯恍唯忽.

도는 만물에게 있어서 오로지 없는 듯 있는 듯 오갈 뿐 특별하게 정해 둔 곳이 없습니다.

道之於萬物, 獨恍忽往來, 於其無所定也.

있는 듯 없는 듯 그 가운데에 상이 있고,

忽兮恍兮, 其中有象;

도는 오로지 있는 듯 없는 듯 형체가 없지만, 그 가운데에 만물의 법칙과 상이 있습니다.

道唯忽恍無形, 其中獨有萬物法象.

없는 듯 있는 듯 그 가운데에 사물이 깃들어 있으며,

恍兮忽兮, 其中有物,

도는 오직 없는 듯 있는 듯하지만, 그 가운데에 하나(一)가 있어 사물을 낳거나 변화를 경영하면서 기를 통해 사물의 바탕을 세웁니다.

道唯恍忽, 其中有一, 經營生化, 因氣立質.

그윽하고 아득하지만 그 가운데에 정기가 있고,

窈兮冥兮, 其中有精,

도는 오로지 그윽하고 아득할 뿐 형체는 없지만, 그 가운데에 정기의 실체가 있어서 신명이 서로 가까이 하고, 음과 양이 교류하며 모여듭니다.

道唯窈冥無形, 其中有精實, 神明相薄, 陰陽交會也.

그 정기는 지극히 참된 것으로,

其精甚眞,

도의 정과 기는 미묘하고 지극히 참되어서 꾸밈이 없음을 말한 겁니다.

言道精氣, 其妙甚眞, 非有飾也.

그 가운데에는 정보가 담겨 있습니다.

其中有信.

도는 그 공로와 이름을 감추지만 도의 정보가 그 가운데에 있습니다.

道匿功藏名, 其信在中也.

예부터 지금에 이르기까지 그 이름이 사라진 적이 없었으며,

自古及今, 其名不去,

자(自)는 -로부터라는 의미입니다. 예부터 지금까지 도는 항상 존재하며 사라진 적이 없습니다.

自, 從也. 自古至今, 道常在不去.

이로써 만물의 시원을 부여하였으니,

以閱衆甫,

열(閱)은 부여한다는 뜻이며, 보(甫)는 시원을 의미합니다. 도가 부여하여 만물이 처음 생겨날 때 도로부터 기를 받았음을 말한 겁니다.

閱, 稟也. 甫, 始也. 言道稟與, 萬物始生, 從道受氣.

내가 어떻게 만물의 시원이 그러함을 알았겠습니까?

吾何以知衆甫之然哉?

내가 어떻게 만물이 도로부터 기를 받았음을 알았겠습니까?

吾何以知萬物從道受氣?

바로 지금의 도 때문입니다.

以此.

차(此)는 지금이라는 의미입니다. 지금까지 만물은 모두 도의 정과 기를 받아 생겨났고 움직여 살아가니, 도가 아니면 그러하지 못했을 겁니다.

此, 今也. 以今萬物皆得道精氣而生, 動作起居, 非道不然.

제22장   겸손함을 더하고 더함

익겸(益謙)

굽어 휘면 온전할 수 있고,

曲則全,

자신을 굽히고 대중을 따라서 자기 마음대로 하지 않으면 자신의 몸을 온전히 할 수 있습니다.

曲己從衆, 不自專, 則全其身也.

굽으면 곧아질 수 있으며,

枉則直,

왕(枉)은 구부린다는 뜻입니다. 자신을 굽히고 다른 사람을 펴주면, 오래도록 스스로 곧음을 유지할 수 있습니다.

枉, 屈也. 屈己而伸人, 久久自得直也.

움푹 파이면 채워지게 되고,

窪則盈,

땅이 낮게 움푹 파이면 물이 흘러들고, 사람이 자신을 낮춰 겸손하면 덕이 돌아옵니다.

地窪下, 水流之; 人謙下, 德歸之.

낡으면 새로워지며,

弊則新,

스스로 낡음과 얇음을 받아들여, 자신을 뒤로하고 다른 사람을 앞세우면 천하 사람들이 공경하여 오래도록 저절로 새롭게 됩니다.

自受弊薄, 後己先人, 天下敬之, 久久自新也.

적어지면 얻게 되고,

少則得,

스스로 받을 것을 적게 취하면 결국에는 많이 얻게 됩니다. 하늘의 도는 겸손한 자를 돕고, 신명은 마음을 텅 비운 자에게 맡깁니다.

自受取少則得多也. 天道祐謙, 神明託虛.

많으면 미혹을 당하게 됩니다.

多則惑.

재산이 많은 사람은 지키는 것에 미혹당하고, 배움이 많은 사람은 너무 많이 들은 것에 미혹당합니다.

財多者, 惑於所守, 學多者, 惑於所聞.

이 때문에 성인은 오직 하나(一)만을 지킴으로써 천하의 본보기가 됩니다.

是以聖人抱一爲天下式.

포(抱)는 지킨다는 뜻이고, 식(式)은 본받는다는 의미입니다. 성인은 오직 도를 지키는 수일법(守一法)으로써 수양하여 만사를 알기 때문에 천하의 본보기가 될 수 있는 겁니다.

抱, 守也. 式, 法也. 聖人守一, 乃知萬事, 故能爲天下法式也.

성인은 자신의 눈으로 보지 않기에 밝게 알고,

不自見, 故明;

성인은 자신의 눈으로 천 리 밖의 일을 보는 것이 아니라, 천하 사람들의 눈으로 보기 때문에 밝게 통달할 수 있는 겁니다.

聖人不以其目視千里之外也, 乃因天下之目以視, 故能明達也.

자기만 옳다고 여기지 않기 때문에 뚜렷하게 빛나며,
不自是, 故彰;

성인은 자기만 옳고 다른 사람은 그르다고 하지 않기 때문에 세 상에 뚜렷하게 드러나는 겁니다.

聖人不自以爲是而非人, 故能彰顯於世.

자기만을 위해 취하지 않기 때문에 공로가 있게 되고,
不自伐, 故有功;

벌(伐)은 취한다는 의미입니다. 성인은 덕으로써 교화가 널리 유 행하게 하면서도 스스로 칭찬을 바라지 않기 때문에 천하 사람들 에게 공로를 인정받게 됩니다.

伐, 取也. 聖人德化流行, 不自取其美, 故有功於天下.

스스로를 위대하다고 여기지 않기 때문에 오래 살 수 있습니다.
不自矜, 故長.

긍(矜)은 위대하다는 의미입니다. 성인은 스스로를 귀하거나 위 대하다고 여기지 않기 때문에 오래 살 수 있고 위태롭지 않습니다.

矜, 大也. 聖人不自貴大, 故能久不危.

오로지 다투지 않기 때문에 천하 사람들이 그와 다툴 수가 없습니다.

夫唯不爭, 故天下莫能與之爭.

이는 천하의 현자나 못난 사람이라도 다투려 하지 않는 사람과는 다툴 수가 없음을 말한 겁니다.

此言天下賢與不肖, 無能與不爭者爭也.

옛말에 이르기를, 굽어 휘면 온전할 수 있다고 한 것이 어찌 빈말이겠습니까?

古之所謂曲則全者, 豈虛言哉?

옛날부터 전해 오는 말에 따르면 '자신을 굽히고 많은 사람을 따르면 자신을 온전하게 유지할 수 있다'고 하였으니, 이 말은 빈말이거나 망령된 것이 아닙니다.

傳古言, 曲從則全身, 此言非虛妄也.

진실로 온전히 하여 되돌아가야 합니다.

誠全而歸之.

성(誠)은 진실하다는 뜻입니다. 자신을 굽히고 대중을 따라 행할 수 있는 사람은 자신의 몸을 온전히 하여 부모에게 되돌아가는데, 다치거나 손상됨이 있을 수가 없습니다.

誠, 實也. 能行曲從者, 實其肌體, 歸之於父母, 無有傷害也.

제23장

텅 비워 무위로 함

허무(虛無)

말을 아끼는 것이 자연의 도입니다.

希言自然.

희언(希言)은 말을 아끼는 것을 말합니다. 말을 아끼는 것이 자연의 도입니다.

希言者, 謂愛言也. 愛言者, 自然之道.

돌풍도 아침 내내 불 수 없고, 폭우도 하루 종일 내릴 수 없습니다.

飄風不終朝, 驟雨不終日.

표풍(飄風)은 돌풍을 뜻하고, 취우(驟雨)는 폭우를 의미합니다. 돌풍도 오래갈 수 없고, 폭우 또한 오래갈 수 없음을 말한 겁니다.

飄風, 疾風也. 驟雨, 暴雨也. 言疾[風]不能長, 暴[雨]不能久也.

누가 이렇게 할까요? 하늘과 땅입니다.

孰爲此者? 天地.

숙(孰)은 누구라는 뜻입니다. 누가 이 돌풍과 폭우를 일게 하겠습니까? 하늘과 땅이 하는 일입니다.

孰, 誰也. 誰爲此飄風暴雨者乎? 天地所爲.

더욱이 하늘과 땅도 이처럼 오래가게 할 수 없는데,

天地尚不能久,

아침부터 저녁까지 내내 할 수는 없습니다.

不能終於朝暮也.

하물며 사람이 그럴 수 있겠습니까?

而況於人乎?

하늘과 땅의 지극한 신령스러움이 함께 돌풍과 폭우를 만들어내면서도, 또한 아침 내내 혹은 저녁까지도 계속해서 일게 할 수 없는데, 하물며 사람이 어찌 갑작스레 그치게 하겠습니까?

天地至神, 合爲飄風暴雨, 尚不能使終朝至暮, 何況[於]人欲爲暴卒乎?

그러므로 도를 따라 일하는 것은,

故從事於道者,

종(從)은 일을 하다는 뜻입니다. 사람이 일을 함에 있어 도와 같이 편안하고 고요해야지, 돌풍이나 폭우 같아서는 안 됩니다.

從, 爲也. 人爲事當如道安靜, 不當如飄風驟雨也.

도를 좋아하는 사람은 도와 함께하고,

道者同於道,

도자(道者)는 도를 좋아하는 사람을 말합니다. 도와 함께한다는 것은 도와 더불어 같아진다는 말입니다.

道者, 謂好道人也. 同於道者, 所謂與道同也.

덕을 좋아하는 사람은 덕과 함께하며,

德者同於德,

덕자(德者)는 덕을 좋아하는 사람을 말합니다. 덕과 함께한다는 것은 덕과 더불어 같아진다는 말입니다.

德者, 謂好德之人也. 同於德者, 所謂與德同也.

잃어버리는 사람은 잃어버림과 함께합니다.

失者同於失.

실(失)은 자신만을 위하다 다른 사람을 잃어버림을 말합니다. 잃어버림과 함께한다는 것은 잃어버림과 같아진다는 말입니다.

失, 謂任己而失人也. 同於失者, 所謂與失同也.

도와 함께하는 사람은 도 또한 그를 얻었음을 즐거워하고,

同於道者, 道亦樂得之;

도와 함께하는 사람은 도 또한 그를 얻었음을 즐거워합니다.

與道同者, 道亦樂得之也.

덕과 함께하는 사람은 덕 또한 그를 얻었음을 즐거워하며,

同於德者, 德亦樂得之;

덕과 함께하는 사람은 덕 또한 그를 얻었음을 즐거워합니다.

與德同者, 德亦樂得之也.

잃어버림과 함께하는 사람은 잃어버림 또한 그를 얻었음을 즐거

워합니다.

同於失者, 失亦樂得之.

잃어버림과 함께하는 사람은 잃어버림 또한 그를 얻었음을 즐거워합니다.

與得同者, 失亦樂得之也.

믿음이 부족하면 불신을 받게 됩니다.

信不足焉, 有不信焉.

임금의 믿음이 아랫사람에게 부족하면, 아랫사람도 임금에게 불신으로 대합니다. 이는 같은 부류는 서로 따르고, 같은 소리도 서로 응하며, 같은 기 또한 서로를 바랍니다. 구름은 용을 따르고, 바람은 호랑이를 따르며, 물은 습윤한 곳으로 흐르고, 불길은 마른 곳으로 나아가는 것이 대자연의 이치입니다.

君信不足於下, 下則應君以不信也. 此言物類相歸, 同聲相應, 同氣相求. 雲從龍, 風從虎, 水流濕, 火就燥, 自然之數也.

제24장　괴롭지만 은혜로운 충고
고은(苦恩)

나아가기만 하는 사람은 서 있지 못하고,

跂者不立,

기(跂)는 앞으로 나아감을 뜻합니다. 권력을 탐내고 명예를 바라

며 공로와 영광만을 취하고자 앞으로만 나아가서는 출세를 하거나
도를 실행하는 것이 오래갈 수 없음을 말하고 있습니다.

跂, 進也. 謂貪權慕名, 進取功榮, 則不可久立身行道也.

다리를 너무 크게 벌려서는 걸을 수가 없으며,

跨者不行,

자신만을 존귀하게 여기면서 다른 사람을 넘어가려 해서는 많은
사람들이 함께 그를 막아서 다니지도 못하게 해버립니다.

自以爲貴而跨於人, 衆共蔽之, 使不得行.

자신만을 드러내려는 사람은 밝게 빛날 수 없고,

自見者不明,

사람들은 자신의 겉모습을 드러내 좋다고 여기며, 자신이 행하
는 것을 드러내 도에 응한다고 여기지만, 특히 그 모습이 추하고
조급한 행동이 비천하다는 것을 알지 못합니다.

人自見其形容以爲好, 自見其所行以爲應道, 殊不自知其形[容]醜
[而]操行之鄙.

자신만이 옳다고 하는 사람은 돋보일 수 없으며,

自是者不彰,

자신은 옳다고 여기고 다른 사람은 그르다고 해서는 많은 사람들
이 그를 막아서며 돋보이거나 밝게 빛나지 못하도록 해버립니다.

自以爲是而非人, 衆共蔽之, 使不得彰明.

자신만을 자랑하려는 사람은 공로를 인정받지 못하고,

自伐者無功,

이른바 번번이 자신만 공로와 아름다운 것을 취하여 자랑하려 하면, 다른 사람들에게 공로가 있다고 해도 잃게 됩니다.

所謂輒自伐取其功美, 即失有功於人也.

자신만을 뽐내는 사람은 오래갈 수가 없습니다.

自矜者不長.

자신만을 뽐내고 과장하기를 좋아하는 사람은 오래갈 수 없습니다.

好自矜大者, 不可以長久.

그것을 도의 입장에서 말하자면 밥찌꺼기나 탐욕스런 행위일 뿐입니다.

其在道也, 曰: 餘食贅行.

췌(贅)는 탐욕을 뜻합니다. 자신만을 자랑하고 뽐내는 사람으로 하여금 나라를 다스리는 길에 들어서게 하면, 날마다 남은 녹봉과 먹을 것을 거두어서 탐욕스런 행위를 하게 됩니다.

贅, 貪也. 使此自矜伐之人, 在治國之道, 日賦斂餘祿食以爲貪行.

세상은 그와 같은 사람을 싫어하니,

物或惡之,

이런 사람이 보위에 올라서는 욕심을 부려 상처와 해로움을 주기 때문에 그를 두려워하고 싫어하지 않는 사람이 없게 됩니다.

此人在位, 動欲傷害, 故物無有不畏惡之者.

그러므로 도가 있는 사람은 그러한 나라에 머물지 않습니다.

故有道者不處也.

도가 있는 사람은 그러한 나라에 머물지도 않는다고 말한 겁니다.

言有道之人不居其國也.

▌제25장   도의 근원을 본받음
상원(象元)

혼돈스러운 가운데 사물을 이루는 것이 있으니, 천지보다 먼저 생겼습니다.

有物混成, 先天地生.

도는 형체가 없지만 혼돈스럽게 만물을 이루고 천지보다 먼저 생겼다고 말하는 겁니다.

謂道無形, 混沌而成萬物, 乃在天地之前.

소리도 없이 고요하고 형체도 없이 텅 비우고, 짝도 없이 홀로 서 있어도 변하지 아니하고,

寂兮寥兮, 獨立而不改,

적(寂)은 음률도 소리도 없다는 것이며, 요(寥)는 텅 비어 형체도

없음을 뜻합니다. 독립(獨立)이란 짝이 없다는 것이며, 불개(不改)는
변화하면서도 영원성이 있다는 의미입니다.

寂者無音聲. 寥者空無形. 獨立者無匹雙. 不改者化有常.

두루두루 유행하면서도 위태롭지 않으며,

周行而不殆,

도는 천지에 두루두루 유행하면서 들어가지 못하는 곳이 없으
며, 양지에 있어도 불타지 않고 음지에 머물면서도 썩지 아니하며,
관통하거나 꿰뚫지 못하는 것이 없지만 위태롭지 않습니다.

道通行天地, 無所不入, 在陽不焦, 託陰不腐, 無不貫穿, 而不危
殆也.

천하의 어머니가 될 수 있으니,

可以爲天下母,

도가 만물의 정과 기를 양육함이 마치 어미가 자식을 기르는 것
과 같습니다.

道育養萬物精氣, 如母之養子.

나는 그 이름을 알지 못하지만, 글자로 도라고 할 뿐입니다.

吾不知其名, 字之曰道.

나는 도의 모습을 보지 못해서 어떻게 이름 지어야 할지 모르지
만, 만물이 모두 도로부터 생겨남을 보았기 때문에 글자로 도라고
할 뿐입니다.

我不見道之形容, 不知當何以名之, 見萬物皆從道所生, 故字之曰道也.

그런데 억지로 이름 지어 크다고 말합니다.

强爲之名曰大.

그 이름을 알지 못하지만 억지로 이름하여 크다고 말한 것은, 높이로는 더 이상 위가 없고 망라하기로는 더 이상 밖이 없어 포용하지 않는 것이 없기 때문에 크다고 말한 겁니다.

不知其名, 强[名]曰大, 高而無上, 羅而無外, 無不包容, 故曰大也.

크다는 것은 끝없이 뻗어가는 것이며,

大曰逝,

도가 크다는 것은 하늘이 항상 위에 있는 듯한 것도 아니고, 땅이 항상 아래에 있는 듯한 것도 아니어서 되돌아가서도 항상 일정하게 머무는 곳이 없다는 겁니다.

其爲大, 非若天常在上, 非若地常在下, 乃復逝去, 無常處所也.

끝없이 뻗어가는 것은 멀리멀리 가는 것이고,

逝曰遠,

원(遠)이란 끝없는 곳의 끝까지 하늘과 땅에 기가 퍼뜨려져 통하지 아니한 곳이 없음을 말한 겁니다.

言遠者, 窮乎無窮, 布氣天地, 無所不通也.

멀리멀리 가는 것은 되돌아가는 것이니,

遠曰反,

그것은 멀어도 넘어서거나 끊어지지 아니하고 다시 사람의 몸으로 되돌아옴을 말한 겁니다.

言其遠不越絶, 乃復反在人身也.

그러므로 도도 크고, 하늘도 크고, 땅도 크고, 왕 또한 큰 겁니다.

故道大, 天大, 地大, 王亦大.

도가 크다는 것은 하늘과 땅도 감싸 안아서 포용하지 못하는 것이 없다는 겁니다. 하늘이 크다는 것은 덮지 못하는 것이 없다는 것이고, 땅이 크다는 것은 싣지 못하는 것이 없다는 것이며, 왕이 크다는 것은 규제하지 못하는 것이 없다는 겁니다.

道大者, 包羅天地, 無所不容也. 天大者, 無所不蓋也. 地大者, 無所不載也. 王大者, 無所不制也.

세상에는 네 가지 큰 것이 있는데, 왕이 그중 한곳에 머뭅니다.

域中有四大, 而王居其一焉.

사방팔방 안에는 네 가지 큰 것이 있는데, 왕이 그중 한곳에 머뭅니다.

八極之內有四大, 王居其一也.

사람은 땅을 본받고,

人法地,

사람은 편안하고 고요하며 조화롭고 부드러운 땅에 씨앗을 뿌려 오곡을 수확하고, 땅을 파서 달콤한 샘물을 얻으며, 수고로움을 끼쳐도 원망하지 않고 공로가 있어도 내세우지 않는 땅을 마땅히 본받아야 합니다.

人當法地安靜和柔, 種之得五穀, 掘之得甘泉, 勞而不怨, 有功而不置也.

땅은 하늘을 본받으며,

地法天,

하늘은 담담하고 고요히 요동치지 않으면서 베풀어도 그 보답을 바라지 않으며, 만물을 낳고 길러도 거두어들이는 것이 없습니다.

天澹泊不動, 施而不求報, 生長萬物, 無所收取.

하늘은 도를 본받고,

天法道,

도는 맑고 고요하여 말도 없이 은밀하게 정과 기를 운행하여 만물이 저절로 이루어지게 합니다.

道清靜不言, 陰行精氣, 萬物自成也.

도는 자연을 본받습니다.

道法自然.

도의 본성은 스스로 그러해서 따로 본받을 것이 없습니다.

道性自然, 無所法也.

제26장   무겁고 신중해야 하는 덕
중덕(重德)

무거운 것은 가벼운 것의 뿌리가 되고,

重爲輕根,

임금이 무게가 없으면 존경받지 못하고, 몸을 다스림에 신중하지 않으면 오장의 신을 잃어버립니다. 초목의 꽃과 잎은 가볍기 때문에 쉬 떨어지고, 뿌리는 무겁기 때문에 오랫동안 존재할 수 있습니다.

人君不重則不尊, 治身不重則失神, 草木之花葉輕故零落, 根重故長存也.

고요한 것은 조급한 것의 주인이 됩니다.

靜爲躁君.

임금이 고요하지 않으면 위엄을 잃게 되며, 몸을 다스림에도 고요하지 않으면 몸이 위태로워집니다. 용은 고요하기 때문에 변화할 수 있고, 호랑이는 조급하기 때문에 일찍 죽습니다.

人君不靜則失威, 治身不靜則身危, 龍靜故能變化, 虎躁故夭虧也.

이 때문에 성인은 하루 종일 도를 행해도 고요함과 신중함에서 벗어나지 않습니다.

是以聖人終日行, 不離輜重.

치(輜)는 고요함을 의미합니다. 성인은 하루 종일 도를 행해도 고요함과 신중함에서 벗어나지 않습니다.

輜, 靜也. 聖人終日行道, 不離其靜與重也.

비록 구중궁궐과 후원에 있어도 멀리 피해 머물지 않습니다.

雖有榮觀, 燕處超然.

영관(榮觀)은 구중궁궐을 뜻하며, 연처(燕處)는 왕후나 비빈 등이 거처하는 곳을 의미합니다. 초연(超然)은 멀리 피하여 머물지 않는다는 것을 뜻합니다.

榮觀, 謂宮闕. 燕處, 后妃所居也. 超然, 遠避而不處也.

어찌 일만 대의 전차를 가진 군주가 가벼운 처신으로 세상을 대하겠습니까?

奈何萬乘之主, 而以身輕天下?

내하(奈何)는 괴로울 때 애통한 마음을 탄식하는 말입니다. 일만 대 전차의 주인이란 왕을 말합니다. 왕은 지극히 존귀한 자리인데, 그 신분으로서 가볍고 조급하게 행동할 수 있겠습니까? 괴로울 때란, 왕이 사치스럽고 오만방자하며 경솔하고 음란한 짓을 할 때입니다.

奈何者, 疾時主傷痛之辭. 萬乘之主謂王者. 王者至尊, 而以其身行輕躁乎? 疾時王奢恣輕淫也.

가볍게 처신하면 신하를 잃게 되고,

輕則失臣,

왕이 경솔하고 음란하면 신하를 잃게 되고, 몸 다스림을 가벼이 여기고 음탕하게 되면 정을 잃게 됩니다.

王者輕淫則失其臣, 治身輕淫則失其精.

조급하게 행동하면 군왕의 자리를 잃게 됩니다.

躁則失君.

왕이 조급하게 행동하면 군왕의 자리를 잃게 되고, 몸 다스림 역시 조급하게 서두르면 정과 신을 잃게 됩니다.

王者行躁疾則失其君位, 治身躁疾則失其精神.

제27장　　교묘하게 활용함

교용(巧用)

도를 잘 실행하는 사람은 행적이나 자취를 남기지 않으며,

善行無轍跡,

도를 잘 실행하는 사람은 그 이치를 자신의 몸에서 구하기 때문에 서당에 다니거나 집문 밖을 나서지 않습니다. 그러므로 행적이나 자취도 남기지 않게 됩니다.

善行道者求之於身, 不下堂, 不出門, 故無轍跡.

좋은 말에는 흠이나 꾸지람도 없고,

善言無瑕謫,

좋은 말이란, 말을 잘 가려서 입 밖으로 내게 되면 천하 사람들에게 흠이나 꾸지람 들을 일이 없음을 말하는 겁니다.

善言謂擇言而出之, 則無瑕疵謫過於天下.

셈을 잘하는 사람은 주판이 필요 없으며,

善計不用籌策,

도로써 매사를 잘 계획하는 사람은 오직 마음을 집중(守一)하며 오락가락하지 않으니, 계산할 일도 많지 않게 되어 주판(계산기)을 쓰지 않아도 알 수 있습니다.

善以道計事者, 則守一不移, 所計不多, 則不用籌策而可知也.

잘 닫힌 문은 빗장이 없어도 열 수가 없고,

善閉無關楗而不可開,

도로써 오욕칠정을 닫고 정과 신을 잘 지키는 사람은 빗장이 있어도 열 수 있는 문과 같지 않습니다.

善以道閉情欲, 守精神者, 不如門戶有關楗可得開.

잘 맺힌 매듭은 꽉 졸라매지 않아도 풀 수가 없습니다.

善結無繩約而不可解.

도로써 매사를 잘 매듭짓는 사람은 자신의 마음도 잘 매듭지으니, 꽉 졸라매어도 풀 수 있는 매듭과는 다릅니다.

善以道結事者, 乃可結其心, 不如繩索可得解也.

이 때문에 성인은 항상 사람들을 잘 도와주고,

是以聖人常善救人,

성인이 항상 사람들을 충성과 효도로써 교화한 이유는 사람의
성과 명을 구제하고자 하기 때문입니다.

聖人所以常教人忠孝者, 欲以救人性命.

그 때문에 사람을 저버리지 않으며,

故無棄人;

존귀하건 비천하건 각자 그 자리를 얻게 해줍니다.

使貴賤各得其所也.

항상 만물을 잘 도와주고,

常善救物,

성인이 항상 백성들을 사계절에 순응하도록 교화시킨 이유는 만
물의 상처를 구제하고자 하기 때문입니다.

聖人所以常教民順四時者, 欲以救萬物之殘傷.

그 때문에 만물을 저버리지 않는데,

故無棄物,

성인은 돌은 천하고 옥은 귀하다며 차별하지 않고 하나로 봅니다.

聖人不賤石而貴玉視之如一.

이를 일러 밝음을 터득했다고 합니다.

是謂襲明.

성인은 사람과 만물을 잘 도와주니, 이를 일러 큰 도를 밝게 터득했다고 합니다.

聖人善救人物, 是謂襲明大道.

그러므로 잘하는 사람은 서투른 사람의 스승이며,

故善人者, 不善人之師;

사람으로서의 행동을 잘하는 자는 성인, 즉 사람들의 스승으로 여깁니다.

人之行善者, 聖人卽以爲人師.

서투른 사람은 잘하는 사람에게는 가르침의 대상이 됩니다.

不善人者, 善人之資.

자(資)는 쓰임이라는 뜻입니다. 사람으로서의 행동에 서투른 사람은 성인에게는 잘할 수 있도록 가르치고 이끄는 대상이 되어 잘 쓰일 수 있도록 도움을 주는 겁니다.

資, 用也. 人行不善者, 聖人猶敎導使爲善, 得以給用也.

스승을 존귀하게 여기지 않거나,

不貴其師,

혼자되어서는 도움도 없습니다.

獨無輔也.

그 가르침의 대상을 아끼지 않는 사람은,

不愛其資,

쓰일 곳도 없습니다.

無所使也.

비록 지혜롭다고 자처해도 크게 미혹된 사람입니다.

雖智大迷.

비록 지혜롭다고 자처해도 이러한 사람은 곧 크게 미혹되었다고
말합니다.

雖自以爲智, 言此人乃大迷惑.

이것을 일러 도의 미묘한 요체라고 합니다.

是謂要妙.

이러한 뜻에 통달하면, 이를 도의 미묘한 요체를 안다고 말합니다.

能通此意, 是謂知微妙要道也.

제28장　　질박함으로 되돌아감
반박(反朴)

남성스러움을 알면서 여성스러움을 지킬 수 있다면 천하의 계곡
이 될 수 있습니다.

知其雄, 守其雌, 爲天下谿.

남성스러움은 우뚝 솟아오름을 의미하고 여성스러움은 낮은 곳을 상징합니다. 사람이 비록 스스로 존귀하고 만물의 영장임을 안다 해도 마땅히 다시 낮은 자세로 미미한 존재임을 지키고, 남성만의 강인함을 버리고 여성의 부드러움을 취해야 합니다. 이와 같이 한다면 천하가 그에게로 돌아감이, 마치 물이 깊은 계곡으로 흘러 들어 오는 것과 같을 겁니다.

雄以喩尊, 雌以喩卑. 人雖自知其尊顯, 當復守之以卑微, 去雄之强梁, 就雌之柔和, 如是則天下歸之, 如水流入深谿也.

천하의 계곡이 되면 항상 덕이 떠나지 않습니다.

爲天下谿, 常德不離.

사람이 깊은 계곡처럼 겸허하게 낮은 마음가짐을 할 수만 있다면 덕이 항상 같이하며 다시는 자신에게서 떠나지 않습니다.

人能謙下如深谿, 則德常在, 不復離於己.

다시 갓난아이의 마음으로 되돌아갑니다.

復歸於嬰兒.

다시 갓난아이의 마음으로 되돌아가면, 순수한 바보처럼 아는 게 없어집니다.

當復歸志於嬰兒, 惷然而無所知也.

그 밝게 빛남을 알면서도 깜깜한 어둠을 지킬 수 있다면 천하의 규범이 될 수 있습니다.

知其白守其黑, 爲天下式.

백(白)은 밝게 빛남을 의미하고 흑(黑)은 어두컴컴함을 나타냅니다. 사람이 비록 스스로 밝게 빛나는 영장임을 안다 해도, 마땅히 다시 묵묵함을 지켜 마치 어리석은 바보처럼 아는 체를 하지 말아야 합니다. 이처럼 한다면 천하의 규범이 될 수 있으니 덕이 항상 함께하게 됩니다.

白以喻昭昭, 黑以喻默默. 人雖自知昭昭明白, 當復守之以默默, 如闇昧無所見, 如是則可爲天下法式, 則德常在.

천하의 규범이 되면, 항상 덕에서 어긋나지 않습니다.

爲天下式, 常德不忒.

사람이 천하의 규범이 될 수 있으면 덕이 항상 자신과 함께하며, 다시는 어긋나지 않을 겁니다.

人能爲天下法式, 則德常在於己, 不復差忒.

다시 무극의 상태로 되돌아갑니다.

復歸於無極.

덕이 어긋나지 않으면 항상 건강하게 장수하여 몸이 무극의 상태로 되돌아갈 수 있습니다.

德不差忒, 則常生久壽, 歸身於無窮極也.

그 영화로움을 알고서 욕됨을 지키면 천하의 골짜기가 될 수 있습니다.

知其榮, 守其辱, 爲天下谷.

영화로움은 존귀함을 의미하고 욕됨은 오염되고 탁함을 의미합
니다. 사람이 자신에게 영화로움과 존귀함이 있음을 알고서도 마
땅히 다시 오염되고 탁한 때의 마음을 지켜내야 합니다. 이처럼 한
다면 천하 사람이 되돌아옴이 마치 물이 깊은 골짜기로 흘러드는
것과 같게 됩니다.

榮以喩尊貴, 辱以喩汚濁. 人能自知己之有榮貴, 當復守之以汚濁,
如是則天下歸之, 如水流入深谷也.

천하의 골짜기가 되면 항상 덕이 풍족하게 머물게 되고,
爲天下谷, 常德乃足,

족(足)은 머문다는 뜻입니다. 사람이 천하의 골짜기가 될 수 있으
면 덕이 항상 자신에게 머물게 됩니다.

足, 止也. 人能爲天下谷, 則德乃常止於己.

다시 질박함으로 되돌아갑니다.
復歸於朴.

다시 자신을 질박함으로 되돌리면 다시는 꾸미거나 겉치레를 하
지 않게 됩니다.

復當歸身於質朴, 不復爲文飾.

통나무를 다듬으면 쓰이는 그릇이 되며,
朴散則爲器,

기(器)는 쓰임을 의미합니다. 만물의 질박함을 다듬게 되면 다양하게 쓰일 수 있는 그릇이 됩니다. 마치 도를 분산시키면 신명이 되고, 유행하게 되어 해와 달이 되며, 나뉘어서는 오행이 되는 것과 같습니다.

器, 用也. 萬物之朴散則爲器用也. 若道散則爲神明, 流爲日月, 分爲五行也.

성인은 이를 사용하면 지도자가 되니,

聖人用之則爲官長,

성인이 이를 받들어 사용하면 여러 관리의 지도자가 됩니다.

聖人升用則爲百官之元長也.

그러므로 크게 제어할 때는 조각내지 않습니다.

故大制不割.

성인이 그것을 활용하게 되면 대도로써 천하를 제어하므로 상처나 조각을 내지 않으며, 몸을 다스릴 때는 대도로써 오욕칠정을 제어하니 정과 신을 해치지 않습니다.

聖人用之則以大道制御天下, 無所傷割, 治身則以大道制御情欲, 不害精神也.

　　　인위적으로 하는 일이 없는 무위

무위(無爲)

장차 온 세상을 휘어잡고자 하는 사람은,

將欲取天下,

천하의 주인이 되고자 한다는 뜻입니다.

欲爲天下主也.

무언가를 꾸미는데,

而爲之,

인위적인 꾸밈으로써(有爲) 백성을 다스리려 한다는 뜻입니다.

欲以有爲治民.

내가 보건대 결코 성공하지 못할 겁니다.

吾見其不得已.

내가 보건대 결코 하늘의 도나 인심의 밝음을 얻지 못할 겁니다. 하늘의 도는 번잡스럽고 혼탁한 것을 싫어하고, 인심은 욕심이 많은 자를 싫어하기 때문입니다.

我見其不得天道人心已明矣, 天道惡煩濁, 人心惡多欲.

사람은 천하의 신령한 물건이어서 어떻게 해볼 수가 없는 겁니다.

天下神器, 不可爲也.

기(器)는 인물을 의미합니다. 사람은 곧 천하의 신령한 물건이며,

이 신물은 편안하고 고요한 것을 좋아해서 인위적인 꾸밈으로는
다스릴 수가 없습니다.

器, 物也. 人乃天下之神物也, 神物好安靜, 不可以有爲治.

무언가를 해보겠다고 나서는 자는 인성을 깨뜨리고,

爲者敗之,

인위적인 꾸밈으로써 그들을 다스리려 했다가는 순박한 인성을
깨뜨릴 겁니다.

以有爲治之, 則敗其質性.

억지로 붙잡으려는 자는 그들의 정감을 잃게 될 것입니다.

執者失之.

억지로 붙들고서 가르치려 들었다가는 그들의 정감을 잃게 되
고, 오히려 거짓과 위선만 생겨날 겁니다.

强執敎之, 則失其情實, 生於詐僞也.

**그러므로 이 물상의 세계에서는 앞서가는 것이 있는가 하면 뒤
따라오는 것도 있으며,**

故物或行或隨,

위에서 행하면 아래에서도 반드시 뒤따를 겁니다.

上所行, 下必隨之也.

따스한 온기를 내뿜는 자가 있는가 하면 거칠게 찬바람을 내쉬

는 자도 있고,

或呴或吹,

구(呴)는 입김을 불어 따뜻하게 감싸주는 것을 의미하며, 취(吹)
는 찬바람을 내쉼을 뜻합니다. 따스한 것이 있으면 반드시 차가운
게 있기 마련입니다.

呴, 溫也. 吹, 寒也. 有所溫必有所寒也.

강한 것이 있는가 하면 유약한 것도 있으며,

或强或羸,

강한 것이 있으면 반드시 유약한 것도 있기 마련입니다.

有所强大, 必有所羸弱也.

편안한 곳이 있는가 하면 위험스러운 곳도 있기 마련입니다.

或載或隳.

재(載)는 편안함을 뜻하며, 휴(隳)는 위험스러운 곳을 의미합니다.
편안한 곳이 있으면 반드시 위험스러운 곳도 있기 마련이며, 임금
은 인위적인 꾸밈으로써 나라를 다스리거나 몸을 수양할 수 없음
을 밝힌 겁니다.

載, 安也. 隳, 危也. 有所安必有所危, 明人君不可以有爲治國與治
身也.

이 때문에 성인은 지나치게 극심한 것을 버리고, 사치스러움도
버리며, 과분한 것 역시 버립니다.

是以聖人去甚, 去奢, 去泰.

지나치게 극심함이란 탐욕과 음욕 그리고 음악과 색욕을 말하며, 사치스러움이란 의복과 장식 그리고 마시는 것과 먹는 것을 말하며, 과분함이란 궁궐과 집 그리고 누각과 정자를 말합니다. 이 세 가지를 버려 중도적인 화합에 머물고 인위적인 꾸며댐이 없이 무위로 행하게 되면 온 세상은 저절로 변화될 겁니다.

甚謂貪淫聲色, 奢謂服飾飮食, 泰謂宮室臺榭. 去此三者, 處中和, 行無爲, 則天下自化.

제30장　무력을 절제함
검무(儉武)

도로써 군주의 역할을 스스로 보좌하는 사람은,
以道佐人主者,
군주가 도로써 스스로를 보좌할 수 있음을 말하는 겁니다.
謂人主能以道自輔佐也.

무력으로써 천하에 강함을 떨치니 않으니,
不以兵强天下,
도로써 스스로를 보좌하는 군주는 무력을 사용하지 않고도 천리를 따르고 덕에 맡기니, 적들이 스스로 굴복합니다.
以道自佐之主, 不以兵革, 順天任德, 敵人自服.

그러한 일, 즉 무력을 쓰면 반드시 그 대가가 되돌아오기 마련이어서,

其事好還,

무력을 사용하는 일은 되갚음을 받아도 스스로를 책망해야지, 남을 원망해서는 안 됩니다.

其擧事好還自責, 不怨於人也.

군사들이 주둔했던 곳에는 가시덤불이 자라납니다.

師之所處, 荊棘生焉.

농사일은 피폐해지고, 밭은 손쓰지도 못합니다.

農事廢, 田不修.

큰 전쟁 후에는 반드시 흉년이 들기 마련입니다.

大軍之後, 必有凶年.

하늘은 나쁜 기운으로써 전쟁에 대응하니, 오곡이 피해를 당하고 오곡마저 피폐해지면 사람까지도 상하게 됩니다.

天應之以惡氣, 即害五穀, 五穀盡[則]傷人也.

훌륭한 사람은 과감하게 그칠 줄 알며,

善者果而已,

훌륭하게 병력을 활용할 줄 하는 사람은 마땅히 과감하게 전쟁을 그칠 줄 알며, 그것을 아름답게 여기지도 않습니다.

善用兵者, 當果敢而已, 不美之.

감히 강대함을 얻으려 하지도 않습니다.

不敢以取强.

과감함으로써 강대하다는 명예도 얻으려 하지 않습니다.

不以果敢取强大之名也.

과감할지라도 자랑하지 말아야 하고,

果而勿矜,

마땅히 과감히 자신을 겸양하고 낮추어야지, 자신을 자랑하고
위대하게 여겨서는 안 됩니다.

當果敢謙卑, 勿自矜大也.

과감할지라도 공로를 내세우지 말아야 하며,

果而勿伐,

마땅히 과감히 사양하고 양보해야지, 자신의 공로를 내세우고
찬양을 얻으려 해서는 안 됩니다.

當果敢推讓, 勿自伐取其美也.

과감할지라도 남을 업신여기지 말아야 하고,

果而勿驕,

교(驕)는 업신여긴다는 뜻입니다. 과감하여도 다른 사람을 업신
여기지 말아야 합니다.

驕, 欺也. 果敢勿以驕欺人.

과감할지라도 어쩔 수 없는 일이라서 한 것이며,

果而不得已,

마땅히 과감하되 지극히 정성스러워야지, 어쩔 수 없다며 남을 핍박해서는 안 됩니다.

當過果敢至誠, 不當逼迫不得已也.

과감할지라도 강해지려 해서는 안 됩니다.

果而勿强.

과감할지라도 강력한 병기와 견고한 갑옷을 입고서 남을 침략하거나 능멸해서는 안 됩니다.

果敢, 勿以爲强兵堅甲以侵凌人也.

사물은 장성하면 늙기 마련인데,

物壯則老,

초목은 장성함이 극에 달하면 시들고 죽으며, 사람도 장성함이 극에 달하면 여위고 늙기 마련입니다. 강한 것도 오래 지속할 수 없음을 말한 겁니다.

草木壯極則枯落, 人壯極則衰老也. 言强者不可以久.

이는 도를 행하지 않음을 말한 것이며,

是謂不道,

시들고 노쇠한 것은 주저앉게 되어 도를 행하지 못합니다.

枯老者, 坐不行道也.

도를 행하지 않으면 일찍 죽기 마련입니다.

不道早已.

도를 행하지 않는 자는 일찍 죽습니다.

不行道者早死.

제31장　무력을 멈추게 함
언무(偃武)

잘 꾸며진 병기는 상서롭지 못한 도구로,

夫佳兵者, 不祥之器,

가(佳)는 꾸민다는 뜻이며, 상(祥)은 좋은 것이나 상서로움을 의미합니다. 병기라는 것은 정과 신을 놀라게 하고, 평화로운 기운을 흐리게 하는 좋지 않은 도구이니, 수리하거나 장식하지 말아야 합니다.

佳, 飾也. 祥, 善也. 兵者, 驚精神, 濁和氣, 不善之器也, 不當修飾之.

만물은 그것을 싫어하니,

物或惡之,

병기가 동원되면 상해를 입기 때문에 만물은 그것을 싫어하지 않는 것이 없습니다.

兵動則有所害, 故萬物無有不惡之者.

그러므로 도를 행하는 사람은 그러한 곳에 머물지 않습니다.

故有道者不處.

도를 행하는 사람은 그러한 나라에서는 살지도 않습니다.

有道之人不處其國.

군자가 평소에 머물 때에는 왼쪽을 귀히 여기고,

君子居則貴左,

부드럽고 나긋나긋함을 귀히 여깁니다.

貴柔弱也.

병진을 펼칠 때는 오른쪽을 귀히 여깁니다.

用兵則貴右.

단단하고 강대함을 귀히 여깁니다. 이는 병진의 도와 군자의 도
가 반대되기에 귀히 여기는 바가 다름을 말한 겁니다.

貴剛强也. 此言兵道與君子之道反, 所貴者異也.

병기는 상서롭지 못한 도구로,

兵者, 不祥之器,

병기와 갑옷은 좋지 않은 도구입니다.

兵革者, 不善之器也.

군자가 사용하는 도구는 아니지만,

非君子之器,

군자가 귀중하게 여기는 도구는 아닙니다.

非君子所貴重之器也.

어쩔 수 없는 경우에만 사용하는 겁니다.

不得已而用之.

나라에 반역이나 환란이 닥쳐 만백성들에게 위해가 가해지려고
하면 곧 병기를 사용하여 스스로 지켜내고자 함을 말한 겁니다.

謂遭衰逆亂禍, 欲加萬民, 乃用之以自守.

고요하고 담박한 것을 최고로 여깁니다.

恬淡爲上.

영토를 탐내지 아니하고, 사람들의 재물이나 보배도 이롭게 여
기지 않습니다.

不貪土地, 不利人財寶.

승리하더라도 미화하지 않으며,

勝而不美,

비록 승리하였더라도 미화하거나 이롭게 여기지 않습니다.

雖得勝而不以爲利美也.

그것을 미화한다는 것은 사람을 죽이는 것을 즐기는 겁니다.

而美之者, 是樂殺人.

승리한 것을 미화하는 자는 사람을 죽이는 것을 기뻐하고 즐기

는 사람입니다.

美得勝者, 是爲喜樂殺人者也.

사람을 죽이는 것을 즐기는 자는 이 세상에서 큰 뜻을 펼칠 수가 없습니다.

夫樂殺人者, 則不可以得志於天下矣.

군주에 오르고서 사람을 죽이는 것을 즐기는 자는 천하에 큰 뜻을 펼칠 수가 없는데, 이런 자가 군주가 되면 반드시 사람의 목숨을 마음대로 처리하고 망령되게 형벌과 살인을 집행할 겁니다.

爲人君而樂殺人者, 此不可使得志於天下矣, 爲人主必專制人命, 妄行刑誅.

좋은 일에는 왼쪽을 높이고,

吉事尚左,

왼쪽은 양(陽)의 기운이 흐르는 만물을 살리는 자리입니다.

左, 生位也.

흉한 일에는 오른쪽을 높이며,

凶事尚右,

오른쪽은 음(陰)의 기운이 흘러 사람을 죽이는 자리입니다.

陰道殺人.

두 번째로 높은 편장군은 왼쪽에 위치하고,

偏將軍居左,

지위가 낮은 편장군을 양의 기운이 흐르는 왼쪽에 위치하게 한 것은 그에게 죽이는 것을 전담시키지 않기 때문입니다.

偏將軍卑而居陽者, 以其不專殺也.

가장 높은 상장군은 오른쪽에 위치하며,

上將軍居右,

지위가 높은 상장군을 음의 기운이 흐르는 오른쪽에 위치하게 한 것은 그에게 죽이는 것을 전담시키기 때문입니다.

上將軍尊而居陰者, 以其專主殺也.

이는 상례로써 처리함을 말한 겁니다.

言以喪禮處之.

상장군이 오른쪽에 위치하는 것은 상례일 때는 오른쪽을 높이고, 죽은 사람에게는 오른쪽이 음의 기운이 흐르는 귀한 자리이기 때문입니다.

上將軍居右, 喪禮尚右, 死人貴陰也.

많은 사람을 죽였으니 슬픈 마음으로 애도하라는 겁니다.

殺人衆多, 以哀悲泣之.

자신을 상해하여 덕이 엷어지면 도로써 사람들을 교화할 수도 없으며 죄 없는 백성들마저 해치게 됩니다.

傷己德薄, 不能以道化人而害無辜之民.

전쟁에서 승리하더라도 상례로써 처리해야 합니다.

戰勝, 以喪禮處之.

옛날에는 전쟁에서 승리하면 장군은 상주로서 상례를 주관하는 자리이니, 소복을 입고 곡을 해야 했습니다. 이는 군자는 덕을 귀히 여기고 전쟁을 비천하게 여김을 밝힌 것으로 어쩔 수 없이 죽인다 하여도 상서롭지 못한 일이니, 마음으로는 즐기지 않고 상례에 견주어 처리해야 합니다. 그러면서 후세에도 병기의 쓰임이 그치지 않을 것임을 알기 때문에 비통해하는 겁니다.

古者戰勝, 將軍居喪主禮之位, 素服而哭之, 明君子貴德而賤兵, 不得已而誅不祥, 心不樂之, 比於喪也. 知後世用兵不已, 故悲痛之.

│ 제32장   성인의 덕이란

성덕(聖德)

도는 영원히 무언가로 규정하여 이름 붙일 수 없는 것,

道常無名,

도는 음기로도 양기로도 작용할 수 있고, 늦출 수도 당길 수도 있으며, 존재하게 할 수도 없앨 수도 있기 때문에 영원히 이름 붙일 수가 없습니다.

道能陰能陽, 能弛能張, 能存能亡, 故無常名也.

소박하여 비록 작지만, 천하에 누구도 신하로 삼을 수가 없습

니다.

朴雖小, 天下莫能臣也.

도는 소박하고 비록 작지만 아주 작고 오묘한 채 모습도 보이지 않아서, 천하에 어느 누구도 감히 신하로 삼아 부려먹을 수 없습니다.

道朴雖小, 微妙無形, 天下不敢有臣使道者也.

제후나 왕이 그것을 지킬 수만 있다면, 만물이 저절로 복종할 겁니다.

侯王若能守之, 萬物將自賓.

제후나 왕이 도를 지켜 무위(인위적으로 꾸밈없이 하는 행위)로 할 수만 있다면, 만물이 저절로 찾아와 덕에 복종할 겁니다.

侯王若能守道無爲, 萬物將自賓服, 從於德也.

하늘과 땅은 서로 화합하여 감로수를 내리고,

天地相合, 以降甘露,

제후나 왕이 무위로 움직여 하늘과 더불어 상응하고 화합할 수만 있다면, 하늘은 곧 감로수와 상서로운 징조를 내릴 겁니다.

侯王動作能與天相應和, 天即降下甘露善瑞也.

백성들은 명령하지 않아도 스스로 균등해질 겁니다.

民莫之令而自均.

하늘이 감로수와 상서로운 징조를 내리면 만물은 명령을 내리는 자가 없어도 모두가 스스로 하나같이 균등해지고 조화로워질 겁니다.

天降甘露善瑞, 則萬物莫有教令之者, 皆自均調若一也.

도는 이름을 갖춘 만물을 제어합니다.

始制有名.

시(始)는 도를 뜻하며, 유명(有名)은 만물을 의미합니다. 도는 이름이 없어도 이름 있는 만물을 제어할 수 있고, 형체가 없어도 형체가 있는 만물을 제어할 수 있습니다.

始, 道也. 有名, 萬物也. 道無名能制於有名, 無形, 能制於有形也.

이름이 또한 이미 만물에 모두 갖추어져 있으며,

名亦既有,

기(既)는 모두라는 뜻입니다. 이름 있는 만물은 모두 오욕칠정을 지니고 있으면서 도를 거스르고 덕에서 멀어지기 때문에 몸이 훼손되고 욕먹게 되는 겁니다.

既, 盡也. 有名之物, 盡有情欲, 叛道離德, 故身毀辱也.

하늘 또한 장차 그것을 알 겁니다.

天亦將知之.

사람이 도를 본받고 덕을 행할 수만 있다면, 하늘 또한 장차 저절로 알아차릴 겁니다.

人能法道行德, 天亦將自知之.

그것을 알면 위태롭지 않을 겁니다.

知之, 可以不殆.

하늘이 그것을 알아차리면 신령이 돕게 되니, 다시 위태롭지 않을 겁니다.

天知之, 則神靈祐助, 不復危殆.

도가 천하에 존재하고 있음을 비유하자면, 마치 하천이나 계곡이 강과 바다에 연결되어 있는 것과 같은 겁니다.

譬道之在天下, 猶川谷之在江海.

도가 천하에 존재하고 있으면서 사람과 서로 상응하고 조화를 이루는 것을 비유하여 말하면, 마치 하천과 계곡이 강과 바다에 연결되어 서로 흘러 통하는 것과 같은 겁니다.

譬言道之在天下, 與人相應和, 如川谷與江海相流通也.

제33장 덕을 분별함
변덕(辯德)

다른 사람을 아는 자는 지혜롭고,

知人者智,

다른 사람이 무엇을 좋아하고 싫어하는지를 알 수 있으면 지혜롭게 됩니다.

能知人好惡, 是爲智.

자기 자신을 아는 자는 밝게 됩니다.

自知者明.

사람이 자신의 현명함과 모자람을 알 수 있으면, 주의를 몸속으로 되돌려 소리 없는 것도 듣게 되고, 형체 없는 것도 보게 되기 때문에 밝게 되는 겁니다.

人能自知賢與不肖, 是爲反聽無聲, 內視無形, 故爲明也.

다른 사람을 이기는 자는 힘이 있다고 할 수 있지만,

勝人者有力.

다른 사람을 이길 수 있는 자는 위엄과 힘이 있는 것에 지나지 않습니다.

能勝人者, 不過以威力也.

자기 자신을 이기는 자야말로 강합니다.

自勝者强.

사람이 스스로 자기의 오욕칠정을 이길 수 있으면 천하에 자기와 다툴 수 있는 자가 없기 때문에 강하게 되는 겁니다.

人能自勝己情欲, 則天下無有能與己爭者, 故爲强也.

만족함을 아는 자는 부유합니다.

知足者富.

사람이 만족함을 알 수 있으면 복과 영화로움을 오래 보존할 수 있기 때문에 부유하게 됩니다.

人能知足, 則長保福祿, 故爲富也.

선행이 강한 자는 의지가 있습니다.

强行者有志.

사람이 선행을 강력하게 행할 수 있으면 도에 뜻을 두게 되며, 도 또한 그 사람에게 뜻을 갖게 됩니다.

人能强力行善, 則爲有意於道, 道亦有意於人.

제자리를 잃지 않는 자가 오래 살 수 있습니다.

不失其所者久.

사람이 스스로 절제하고 양생하여 하늘로부터 받은 정과 기를 잃지 않을 수 있으면 오래 살 수 있습니다.

人能自節養, 不失其所受天之精氣, 則可以長久.

죽어지내는 듯해도 몸을 잃어버리지 않는 자는 장수합니다.

死而不亡者壽.

눈으로는 망령되게 보지 않고, 귀로는 망령되게 듣지 않으며, 입으로는 망령되게 말하지 않으면 천하에 원망이나 싫어함이 없기 때문에 장수할 수 있습니다.

目不妄視, 耳不妄聽, 口不妄言, 則無怨惡於天下, 故長壽.

제34장 이루어짐에 맡김
임성(任成)

큰 도는 넓고도 넓어서,

大道氾兮,

도는 넓고도 넓어서 마치 떠 있는 것 같기도 하고 가라앉은 것 같기도 하며, 마치 있는 것도 같고 없는 것도 같아서, 보려 해도 보이지가 않으며 설명하려 해도 뚜렷하게 그려내기가 어렵습니다.

言道氾氾, 若浮若沉, 若有若無, 視之不見, 說之難殊.

좌우 어느 쪽에나 넘쳐 있습니다.

其可左右.

도는 왼쪽이나 오른쪽이나 있지 아니한 곳이 없습니다.

道可左可右, 無所不宜.

만물은 그러한 도를 기다려 생겨나면서,

萬物恃之而生,

시(恃)는 기다린다는 뜻입니다. 만물은 모두 도를 기다려 생겨납니다.

恃, 待也. 萬物皆待道而生.

사양하지도 않습니다.

而不辭.

도는 사양하거나 사례를 하며 거슬러 멈추지도 않습니다.

道不辭謝而逆止也.

공로를 이루어도 이름을 내세우지 않습니다.

功成不名有.

도를 갖추고 있어서 자신의 공로가 있게 되었더라도 이름을 내세우지 않습니다.

有道不名其有功也.

만물을 아끼고 길러내면서도 주인행세를 하지 않습니다.

愛養萬物而不爲主.

도는 비록 만물을 아끼고 길러내지만 임금과 같이 백성들에게 세금을 거두어들이고 취하지도 않습니다.

道雖愛養萬物, 不如人主有所收取.

항상 욕심이 없으니 작다고 부를 수 있습니다.

常無欲, 可名於小.

도는 덕을 숨기고 이름을 감추어 조용히 인위적으로 하는 일도 없이 하니, 마치 아주 작은 것과도 같은 겁니다.

道匿德藏名, 怕然無爲, 似若微小也.

만물이 되돌아오지만 주인행세를 하지 않으니,

萬物歸焉而不爲主,

만물은 모두 도로 되돌아와 기를 받으니, 도는 임금이 백성들에게 강요하거나 금지하는 일도 없게 합니다.

萬物皆歸道受氣, 道非如人主有所禁止也.

그 이름을 크다고 할 수 있습니다.

可名爲大.

만물은 제멋대로 오가면서도 스스로 있는 곳에 따라 이름 짓게 하니, 그러므로 크다고 이름할 수 있습니다.

萬物橫來橫去, 使名自在, 故可名於大也.

이 때문에 성인은 끝까지 위대하다고 여기지 않으니,

是以聖人終不爲大,

성인은 도를 본받아 덕을 숨기고 이름을 감추며 자만하거나 위대하다고 여기지도 않습니다.

聖人法道, 匿德藏名, 不爲滿大.

그러므로 그 큰일을 이룰 수 있습니다.

故能成其大.

성인은 몸소 사표가 되어 이끌면서도 말 없는 교화로써 만사를 다스리기 때문에 그 큰일을 이룰 수 있는 겁니다.

聖人以身師導, 不言而化, 萬事修治, 故能成其大.

제35장　어진 덕

인덕(仁德)

위대한 도의 형상을 잡아 지키면 천하 사람들이 모여듭니다.

執大象, 天下往.

집(執)은 잡아 지킨다는 뜻이며, 상(象)은 도를 의미합니다. 성인이 위대한 도를 잡아 지키면 천하 만민의 마음이 움직여 그에게로 되돌아 모여듭니다. 몸을 잘 다스리면 하늘이 신명을 내려 자신에게 오가게 합니다.

執, 守也. 象, 道也. 聖人守大道, 則天下萬民移心歸往之也. 治身則天降神明, 往來於己也.

모여들어도 해를 끼치지 않으니, 세상은 편안하고 태평해집니다.

往而不害, 安平太.

만민들이 되돌아 모여들어도 상해를 받지 않으면 나라는 안정되고 편안해져 태평성대를 이루게 됩니다. 몸을 잘 다스려 신명에 해를 끼치지 않으면 몸은 편안해지고 장수할 수 있습니다.

萬民歸往而不傷害, 則國家安寧而致太平矣. 治身不害神明, 則身安而大壽也.

즐거움과 좋은 음식은 지나가는 길손을 머물게 할 수 있습니다.

樂與餌, 過客止.

이(餌)는 좋은 음식을 뜻하며, 과객(過客)은 도를 뜻하는 하나(一)

를 의미합니다. 사람이 도를 즐기며 좋은 음식을 대하듯 할 수만 있다면 하나(一)가 머물게 됩니다. 하나(一)란 넘치면 떠나 빈곳에 머무니, 지나는 길손처럼 홀연합니다.

餌, 美也. 過客, 一也. 人能樂美於道, 則一留止也. 一者, 去盈而處虛, 忽忽如過客.

그러나 도에 대한 말은 담박하여 별맛이 없습니다.

道之出口, 淡乎其無味.

도에 대한 말은 담담하여 오미(五味)와 같이 시거나 짜거나 쓰거나 달거나 맵지가 않습니다.

道出入於口, 淡淡非如五味有酸鹹苦甘辛也.

그래서 도는 보려 해도 볼 수가 없고,

視之不足見,

족(足)은 무언가를 할 수 있음을 뜻합니다. 도는 형체가 없어서, 오색의 파란색·노란색·빨간색·흰색·검은색과 같이 볼 수 있는 게 아닙니다.

足, 得也. 道無形, 非若五色有青黃赤白黑可得見也.

들으려 해도 들을 수가 없지만,

聽之不足聞,

도는 궁·상·각·치·우라는 다섯 음률처럼 들을 수 있는 것이 아닙니다.

道非若五音有宮商角徵羽可得聽聞也.

아무리 써도 다함이 없는 겁니다.

用之不足既.

기(既)는 다한다는 뜻입니다. 도를 활용하여 나라를 다스리면 국가는 안정되고 백성은 번창하게 되며, 도로써 몸을 잘 다스리면 수명은 연장되어 아무리 써도 다하는 때가 없음을 말한 겁니다.

既, 盡也. 謂用道治國, 則國安民昌, 治身則壽命延長, 無有既盡之時也.

제36장　미미하지만 분명한 효과
미명(微明)

장차 거두어들이게 하려면 반드시 먼저 베풀어주어야 하며,

將欲歙之, 必固張之;

먼저 빗장을 열어 베풀어준다는 것은 그 사치스러움과 음란함을 극에 다다르게 하고자 함입니다.

先開張之者, 欲極其奢淫.

장차 나긋나긋하게 하려면 반드시 먼저 강하게 해주어야 하고,

將欲弱之, 必固强之;

먼저 강대하게 한다는 것은 재앙이나 우환을 만나게 하려 함입니다.

先强大之者, 欲使遇禍患.

장차 피폐해지게 하려면 반드시 먼저 흥성하게 해주어야 하며,
將欲廢之, 必固興之;

먼저 흥성하게 해준다는 것은 교만하고 위태로움에 처하게 하려
함입니다.

先興之者, 欲使其驕危.

장차 빼앗으려 한다면 반드시 먼저 주어야 하고,
將欲奪之, 必固與之,

먼저 준다는 것은 그 탐욕스러운 마음을 극에 다다르게 하고자
함입니다.

先與之者, 欲極其貪心.

이를 일러 미미하지만 분명하다는 미명이라 합니다.
是謂微明.

이 네 가지 일은 그 방법은 미미하지만 그 효과는 분명하다는 겁
니다.

此四事, 其道微, 其效明也.

부드럽고 나긋나긋함이 굳세고 강대한 것을 이깁니다.
柔弱勝剛强.

부드럽고 나긋나긋한 것은 오랫동안 커나가고, 굳세고 강대한 것은 먼저 멸망합니다.

柔弱者久長, 剛強者先亡也.

물고기는 연못을 벗어날 수 없고,

魚不可脫於淵.

물고기가 연못을 벗어나는 것을, 굳셈을 버리고 부드러움을 취한다 하지만 다시는 제어할 수 없음을 말하고 있습니다.

魚脫於淵, 謂去剛得柔, 不可復制也.

나라의 이로운 도구는 사람들에게 보여주어서는 안 됩니다.

國之利器, 不可以示人.

이로운 도구란 권력에 나아가는 길을 말합니다. 나라를 다스림에 있어 권력이라는 것을 일을 맡은 신하에게 보여주어서는 안 되며, 몸을 다스리는 도를 사람답지 아니한 이에게는 보여주어서는 안 된다는 것을 말하고 있습니다.

利器者, 謂權道也. 治國權者, 不可以示執事之臣也. 治身道者, 不可以示非其人也.

제37장　올바른 정치를 한다는 것

위정(爲政)

도는 항상 인위적으로 하는 일이 없지만 하지 못함이 없습니다.

道常無爲, 而無不爲.

도는 인위적으로 하는 일이 없어도 영원함을 이룹니다.

道以無爲爲常也.

제후나 왕이 만약 이를 지킬 수 있다면, 만물이 저절로 변화될 겁니다.

侯王若能守之, 萬物將自化.

제후나 왕이 만약 도를 지킬 수만 있다면, 만물은 장차 저절로 변화되어 자신들을 본받을 것임을 말한 겁니다.

言侯王若能守道, 萬物將自化效於己也.

저절로 변화하는데도 무언가를 꾸미려는 욕심이 일어나면, 나는 이름 없는 소박함으로써 이를 누를 겁니다.

化而欲作, 吾將鎭之以無名之朴.

오(吾)는 나 자신을 뜻하며, 무명지박(無明之朴)은 도와 덕을 의미합니다. 만물이 이미 자신들을 본받아 변화하였는데, 다시 교묘히 거짓됨을 꾸미려드는 자는 제후나 왕이 몸소 도와 덕으로써 진압하여야 합니다.

吾, 身也. 無明之朴, 道德也. 萬物已化效於己, 復欲作巧僞者, 侯王當身鎭撫以道德也.

　이름 없는 소박함은 또한 장차 욕심을 부리지 않을 것이며, 욕심 부리지 않으면 고요가 찾아드니,

　無名之朴, 夫亦將不欲, 不欲以靜,

　제후나 왕이 도와 덕으로써 진압하면 백성들 또한 장차 욕심 부리지 않을 것이기 때문에 마땅히 깨끗함과 고요함으로써 그들을 이끌고 교화시켜야 함을 말하는 겁니다.

　言侯王鎭撫以道德, 民亦將不欲, 故當以淸靜導化之也.

　천하 세상이 장차 저절로 안정을 이룰 겁니다.

　天下將自定.

　이와 같이 할 수 있다면 천하는 장차 저절로 바르고 안정될 겁니다.

　能如是者, 天下將自正定也.

한자어원풀이

道法自然(도법자연) 이란 "도는 '스스로 그러한' 자연을 본받는다"는 뜻으로, 『도덕경』 제25장의 "사람은 땅을 본받고, 땅은 하늘을 본받으며, 하늘은 도를 본받고, 도는 자연을 본받습니다(人法地, 地法天, 天法道, 道法自然.)"라는 대목에서 유래했습니다. 이에 대해 하상공은 주석에서 "사람은 편안하고 고요하며 조화롭고 부드러운 땅에 씨앗을 뿌려 오곡을 수확하고, 땅을 파서 달콤한 샘물을 얻으며, 수고로움을 끼쳐도 원망하지 않고 공로가 있어도 내세우지 않는 땅을 마땅히 본받아야 합니다. 하늘은 담담하고 고요히 요동치지 않으면서 베풀어도 그 보답을 바라지 않으며, 만물을 낳고 길러도 거두어들이는 것이 없습니다. 도는 맑고 고요하여 말도 없이 은밀하게 정과 기를 운행하여 만물이 저절로 이루어지게 합니다. 도의 본성은 스스로 그러해서 따로 본받을 것이 없습니다"고 했습니다.

길 道(도) 는 쉬엄쉬엄 갈 착(辶)과 머리카락과 이마 그리고 코(自)를 그려낸 머리 수(首)로 이루어져 있습니다. 머리(首)를 앞세우고 재촉하지도 않고 천천히 발걸음(辶)을 앞으로 내딛는 게 바로 道(도)의 의미이죠. 일반적으로 말하는 통행하는 길이라는 의미보다는 모든 개체가 본능적으로 가야 할 운명적인 '길'이라는 의미가 담겨 있습니다. 그래서 각자가 가야 할 운명적인 길을 말할 때는 道(도)라고 합니다. 따라서 '道(도)를 닦는다'고 할 때는 자신의 영성(靈性)을 맑고 밝게 하여 보다 나은 마음의 영역을 넓히는 것이죠. 그 길은 오가는 게 아니라 계속 앞으로만 나아가야 합니다.

법 法(법) 은 물 수(氵)와 갈 거(去)로 구성되어 있습니다. 去(거)에 대해 허신은 『說文』에서 "去는 사람이 서로 어긋난다는 뜻이다. 大(대)로 구성되었고 자형하부의 凵(거) 모양이 소리요소이다"라고 하였습니다. 갑골문에는 사람의 모습을 본뜬 大(대)와 고대인들의 주거지인 동굴을 의미하는 口(구) 모양으로 그려져 있습니다. 따라서 그 의미는 사람(大)이 주거지인 동굴(口)을 떠나 어디론가 간다는 뜻을 담았다고 볼 수 있죠. 그러나 또 다른 한편에서는 오물을 버리는 구덩이 위에서 대변을 본 사람의 상형이라는 설로 '버리다'가 본뜻이라고 주장하기도 합니다. 따라서 法(법)의 의미는 물(水)은 높은 데서 낮은 곳으로 흘러가는(去) 게 순리라는 것으로 자연적인 '규칙'을 의미한 동시에 '본받다'라는 뜻으로도 확장되었습니다.

스스로 自(자) 는 사람의 얼굴 중앙에 위치한 코를 본뜬 상형글자입니다. 그러나 요즘에는 '코'의 의미로 쓰이는 경우는 드물고 별도로 제작된 코 비(鼻)를 씁니다. 鼻(비)는 '코밑 진상'이라는 의미를 적나라하게 드러낸 글자죠. 鼻(비)는 코를 뜻하는 自(자)와 누구에

게 무엇을 준다는 의미의 줄 畀(비)로 짜여 있는데, 코(自) 아래 입
(田=口)으로 먹을 것을 바치게(두 손으로 받들 공: 廾) 되면 안 넘어 갈
사람이 없다는 뜻이 담겨 있습니다. 따라서 '自'의 현재 의미는 '--
로부터'와 '자기 자신', '저절로', '스스로'라는 뜻으로 활용되고 있
습니다.

그러할 然(연)은 고기 덩이를 뜻하는 육달 월(月=肉)과 개 견(犬)으로
이루어진 개고기 연(狀) 그리고 불 화(灬)로 구성되었습니다. 이 글
자에는 개고기를 식용으로 하는 동이족만의 전통이 고스란히 담겨
있죠. 지금은 유교 및 불교적 사상이 유입되어 개고기를 제사상에
올리지 않지만 고대에는 그렇지 않았습니다. 즉 개(犬)를 통째로 불
(灬)에 그슬려 그 고기 덩이(月=肉)를 제사상에 올리는 것은 너무나
당연한 일이었기에 '그러해야 한다'는 뜻이 담겨 있습니다.

復歸無極(복귀무극) 이란 "음양으로 나뉘기 이전의 상태인 무극으로
돌아간다"는 뜻으로, 『도덕경』 제28장의 복귀어무극(復歸於無極)에
서 유래했습니다. 이에 대해 하상공은 주석에서 "덕이 어긋나지 않
으면 항상 건강하게 장수하여 몸이 무극의 상태로 되돌아갈 수 있
습니다"라고 하였습니다. 무극으로 돌아가기에 앞서 복귀어영아
(復歸於嬰兒)의 상태, 즉 다시 갓난아이와 같은 마음의 상태로 돌아
가야 합니다. 하상공은 이에 대해 "다시 갓난아이의 마음으로 되
돌아가면, 순수한 바보처럼 아는 게 없어집니다"라고 주석을 달고
있습니다.

돌아올 復(복, 다시 부)은 조금 걸을 척(彳)과 돌아올 복(夏=复)으로 이루어져 있습니다. 彳(척)에 대해 『說文』에서 "彳은 작은 걸음으로 걷는다는 뜻이며 사람의 다리를 형성하는 세 부위가 서로 연결되어 있는 모양을 본떴다"라고 하였습니다. 여기서 말하는 세 부위는 넓적다리와 정강이 그리고 발을 말하는 것으로 움직일 때 활용되는 다리 전체를 의미하고 있습니다. 그러나 여기서는 사람들이 분주히 오가는 '네 거리'를 본뜬 行(행)의 생략형으로 보아야 그 의미가 살아납니다. 夏(복)은 갑골문에 나타난 자형을 참조할 때 대장간에서 불을 지피는 도구인 '풀무'와 발을 뜻하는 止(지)가 더해진 모양이었으나 현재 자형에서는 알아볼 수 없을 만큼 변해 버렸습니다. 여기서 말한 풀무는 발을 사용하여 바람을 일으키는 것으로, 발로 밟을 때마다 통 속의 칸막이가 왕복으로 오가며 바람을 일으켰습니다. 따라서 復(복)의 전체적인 의미는 풀무(夏)와 같이 오가다(行)가 본뜻이었으나 '돌아오다'는 의미로 더 쓰였고, 또한 '회복하다', '다시'라는 뜻으로도 확장되었습니다.

돌아갈 歸(귀)는 흙덩이 모양을 본뜬 부수(자형 좌변 상부)와 발 지(止) 그리고 비 추(帚)로 이루어져 있습니다. 자칫 자형 좌변 상부의 흙덩이 모양을 언덕 阜(부)에서 열 십(十)이 생략된 것으로 잘못 보기도 하는데, 阜(부)는 통나무나 흙을 깎아 만든 계단을 뜻하는 상형글자라는 점이 다릅니다. 발의 모양을 본떠 만든 자형인 止(지)는 멈춘다는 뜻도 있지만 여기서는 '가다'라는 의미로 쓰이고 있죠. 帚(추)는 빗자루 모양을 본뜬 상형글자이지만, 조합된 부수 또한 나

름의 뜻을 지니고 있습니다. 즉 자잘한 나뭇가지나 헝겊(巾)을 한데 묶어(一) 만든 빗자루를 손으로 잡고(ㅌ) 쓸거나 닦아낸다는 뜻이 담겨 있죠.

歸(귀)의 의미를 명확히 이해하려면 먼저 옛날의 결혼 풍속을 알아야 할 것 같습니다. 남자는 장가를 들고 여자는 시집을 간다고 했습니다. 남자는 먼저 신부의 집에서 보통 3년 정도 처가살이를 하며 딸을 준 보답을 해야 하는데, 즉 장가(丈家)는 장인 장모님의 집을 말합니다. 신부는 3년 동안 부모님의 품에서 살다 이제는 남편의 부모님이 계시는 시댁(媤宅: 시집)으로 되돌아가야 했습니다. 따라서 歸(귀)의 전체적인 의미는 흙덩이(자형 좌변 상부)와 신부의 주된 역할이 될 빗자루(帚)를 들고서 간다(止)는 뜻인데, 시집을 간 신부는 좀처럼 다시 부모님 품으로 돌아갈 수 없어 시댁의 풍토에 적응하기 위한 방편(身土不二)으로 가져간 흙을 물에 조금씩 타서 마셨다고 합니다. 이러한 결혼 풍속 때문에 歸(귀)는 '돌아간다', '시집간다', '돌려보내다'는 등의 뜻을 지니게 되었습니다.

없을 無(무) 는 자형상부의 모양과 불 화(灬)로 이루어져 있다 하여 회의글자로 분류하고 있지만, 갑골문이나 금문을 보면 사람(大)이 양손에 대나무 가지 등으로 만든 도구(丰)를 들고서 춤추는 무녀(巫女)의 모습을 그려낸 상형적 글자임을 알 수 있습니다. 자형하부의 '灬'는 불의 의미로 쓰인 게 아니라 사람의 발과 양손에 든 장신구를 나타내려 한 것이죠. 요즘도 그렇지만 신이 내려 춤을 추는 무녀의 모습은 자신의 의지와는 상관없이 몰아(沒我)의 경지에서 춤을 춥니다. 그래서 일시적으로 자아가 없이 춤추는 무녀의 모습을 보고서 '없다'라는 뜻이 발생했습니다. 無(무)가 본디 '춤추다'였으나 '없다' 혹은 '아니다'라는 뜻으로 쓰이자, 두 발 모양을 본뜬 어그러질 舛(천)을 더해 '춤출 舞(무)'를 별도로 제작하였습니다.

다할 極(극)은 나무 목(木)과 빠를 극(亟)으로 구성되었습니다. 木(목)의 자형상부는 나뭇가지를, 하부는 땅에 뿌리를 내리고 있는 모양을 본뜬 상형글자죠. 여기서는 집의 '대들보'로 쓰이는 통나무라는 뜻으로 쓰였습니다. 亟(극)은 하늘과 땅을 의미하는 두 이(二)와 사람 인(亻) 그리고 입 구(口)와 오른손을 의미하는 또 우(又)로 이루어져 있습니다. 그 뜻은 금문에 나타난 자형에서처럼 하늘(一)과 땅(一), 혹은 위아래가 꽉 막힌 광물을 채굴하는 갱도에서 일하는 사람(亻)이 입(口)으로 소리치고 손에 든(攴) 곡괭이와 같은 도구를 다급하게 움직이는 모양을 본떠 '빨리', '자주(기)'라는 뜻을 지니게 되었습니다. 따라서 極(극)의 전체적인 의미는 갱도에서 광물을 채굴(亟)하기 위해 천정을 떠받치는 들보(木)를 세우거나, 기둥을 세워 집을 지을 때 중추적인 역할을 한 대들보(木)를 올리는 작업은 정성스러움과 함께 재빨리(亟) 해야 한다는 뜻을 담아 '지극', '정점'과 같은 의미로 쓰이고 있습니다. 그래서 우리가 사는 지구의 극점을 남극(南極)과 북극(北極)으로 표현할 뿐만 아니라 우주의 극점 또한 남극성(南極星)과 북극성(北極星)을 한 축으로 보고 있습니다.

노자도덕경하상공장구

권3

卷
3

큰 그릇을 가진 사람은 늦게 이루어지며,

大器晚成,

큰 그릇을 가진 사람은 마치 큰 솥이나 종묘의 제기 같아서 갑자기 이루어질 수 있는 것이 아닙니다.

大器之人, 若九鼎瑚璉, 不可卒成也.

큰 소리는 드물게 소리를 내고,

大音希聲,

큰 소리는 천둥 번개가 때에 맞게 울리듯이, 비유하자면 기를 아끼고 말을 적게 하는 것과 같습니다.

大音猶雷霆待時而動, 喻當愛氣希言也.

큰 모습을 지닌 사람은 형용하기 어려우며,

大象無形,

큰 모습을 지닌 사람은 질박하여 형용하기가 어렵습니다.

大法象之人, 質朴無形容.

제38장　덕을 논함

논덕(論德)

훌륭한 덕을 갖춘 사람은 자신의 덕을 의식하지 않는데,

上德不德,

상덕(上德)이란 아주 옛날에 이름도 알 수 없는 군주가 갖춘 더 이상 위가 없는 큰 덕을 말하는 것이므로, 상덕이라 말하는 겁니다. 부덕(不德)이란 그 군주가 덕으로 백성을 교화시키는 것이 아니라 자연적인 순환에 따라 사람들의 성(性: 마음)과 명(命: 몸)을 길렀던 것을 말하는 것으로, 자신의 덕을 드러내지 않았기 때문에 부덕이라 말하는 겁니다.

上德, 謂太古無名號之君, 德大無上, 故言上德也. 不德者, 言其不以德教民, 因循自然, 養人性命, 其德不見, 故言不德也.

이 때문에 오히려 덕이 있게 됩니다.

是以有德;

그 덕은 천지에 부합하여 화기가 유행하니, 백성의 덕이 온전해짐을 말한 겁니다.

言其德合於天地, 和氣流行, 民德以全也.

훌륭하지 못한 덕을 지닌 사람은 덕을 잃지 않으려 의식하는데,

下德不失德,

하덕(下德)이란 시호를 지닌 군주를 말하는데, 덕이 아직 상덕에 미치지 못하기 때문에 하덕이라 말한 겁니다. 불실덕(不失德)이란 자신의 덕을 볼 수 있게 드러내 그 공덕을 칭송케 하려는 겁니다.

下德, 謂號謚之君, 德不及上德, 故言下德也. 不失德者, 其德可見, 其功可稱也.

이 때문에 덕이 없어지는 겁니다.

是以無德.

명예나 시호가 자신의 몸에 미치게 하기 때문에 덕이 없어지는 겁니다.

以有名號及其身, 故[無德也].

훌륭한 덕은 인위적으로 하는 일이 없고,

上德無爲,

도를 본받아 편안하고 고요하여 일부러 베풀려는 가식적인 행위가 없음을 말하는 겁니다.

謂法道安靜, 無所施爲也.

무언가를 해야 한다는 의도가 없는 겁니다.

而無以爲;

명예나 시호를 위해 일하지 않음을 말한 겁니다.

言無以名號爲也.

훌륭하지 못한 덕은 의도적으로 일을 하는데,

下德爲之,

가르침이나 법령을 위해 정사를 펼침을 말한 겁니다.

言爲教令, 施政事也.

무언가를 해야겠다는 의도가 있는 겁니다.

而有以爲.

자신의 명예와 시호를 얻기 위해 일함을 말한 겁니다.

言以爲己取名號也.

훌륭한 인을 지닌 사람도 의도적으로 일을 하는데,

上仁爲之,

상인(上仁)이란 인을 행하는 군주를 말하는데, 그 인보다 높은 위가 없기 때문에 상인이라 말하는 겁니다. 위지(爲之)란 인과 은혜를 베풀기 위해 일하는 것을 뜻합니다.

上仁謂行仁之君, 其仁無上, 故言上仁也. 爲之者, 爲仁恩也.

인위적으로 하는 일이 없어야 합니다.

而無以爲.

공로가 이루어지고 일이 성립되면 인위적인 집착을 버려야 합니다.

功成事立, 無以執爲.

훌륭한 의를 지닌 사람은 일을 하는 데 있어,

上義爲之,

의를 위해서는 단호하게 잘라야 합니다.

爲義以斷割也.

무언가를 해야겠다는 의도를 가지고 있는 겁니다.

而有以爲.

자신을 위해 움직여 일으키고, 다른 사람을 희생시켜 자신의 위엄을 성취하며, 아랫사람을 해치면서까지 자신을 드높입니다.

動作以爲己, 殺人以成威, 賊下以自奉也.

훌륭한 예를 지닌 사람은 일을 하는 데 있어,

上禮爲之,

최상의 예법을 갖춘 군주를 말하며, 그 예보다 높은 위가 없기 때문에 상례라 말한 겁니다. 위지(爲之)란 예를 위해 제도를 만들고 위엄 있는 의식을 질서 있게 행하는 것을 말합니다.

謂上禮之君, 其禮無上, 故言上禮. 爲之者, 言爲禮制度, 序威儀也.

아무도 응하는 사람이 없으면,

而莫之應,

예는 겉은 화려하나 내실은 볼품이 없고, 거짓되게 꾸며댐이 번거롭게 많아 행할수록 도에서 벗어나기에 응할 수 없음을 말한 겁니다.

言禮華盛實衰, 飾僞煩多, 動則離道, 不可應也.

소맷자락을 걷어 올리고 억지로 끌어당깁니다.

則攘臂而仍之.

예는 번거로움이 많아 응할 수 없음에 위아래 사람들이 서로 먼저 하라며 다투기 때문에 소맷자락을 걷어 올리고 서로 끌어당기는 것을 말하고 있습니다.

言禮煩多不可應, 上下忿爭, 故攘臂相仍引.

그러므로 도가 없어지고 난 이후에는 덕이 나타나고,

故失道而後德,

도가 쇠퇴해지고 난 이후에는 덕화(德化)가 생김을 말한 겁니다.

言道衰而德化生也.

덕이 없어지고 난 이후에는 인이 생겨나며,

失德而後仁,

덕이 쇠퇴하고 난 이후에는 인애(仁愛)가 나타남을 말한 겁니다.

言德衰而仁愛見也.

인이 없어지고 난 이후에는 의가 나타나고,

失仁而後義,

인이 쇠퇴하고 난 이후에는 의가 분명해짐을 말한 겁니다.

言仁衰而分義明也.

의가 없어지고 난 이후에는 예가 생겨나며,

失義而後禮,

의가 쇠퇴하게 되면 예를 갖추는 것을 퍼뜨리니, 옥과 비단옷을 장식하고 다닌다는 말입니다.

言義衰則施禮聘, 行玉帛也.

예라는 것은 충성과 신의가 얄팍해졌다는 것이니,

夫禮者, 忠信之薄,

예는 근본을 폐하고 말단만을 다스려가는 것이니, 충성과 신의가 날로 쇠퇴하고 엷어짐을 말하는 겁니다.

言禮廢本治末, 忠信日以衰薄.

혼란의 시작인 겁니다.

而亂之首.

예의 본질은 천시하고 겉치레를 귀히 여기기 때문에 바르고 곧음이 날로 적어지고, 사악함과 혼란스러움이 날로 생겨나는 겁니다.

禮者賤質而貴文, 故正直日以少, 邪亂日以生.

앞을 내다본다는 것은 도의 껍질에 불과하며,

前識者, 道之華,

알지 못하면서도 안다고 말하는 것이 '앞을 내다본다는 것'이며, 이러한 사람은 도의 실속을 잃어버리고, 도의 화려한 껍질만을 얻은 겁니다.

不知而言知爲前識, 此人失道之實, 得道之華.

어리석음의 시작입니다.

而愚之始.

앞을 내다본다고 하는 사람이 어리석고 어두움을 앞서 이끌어냄을 말한 겁니다.

言前識之人, 愚暗之倡始也.

이 때문에 대장부는 그 두터움에 처하지,

是以大丈夫處其厚,

대장부란 득도한 군주를 말합니다. 그 두터움에 처한다는 것은 두텁고 소박한 곳에 몸을 머무름을 말한 겁니다.

大丈夫謂得道之君也. 處其厚者, 謂處身於敦朴.

그 얄팍함에 머무르지 않으며,

不居其薄;

도에 어긋나 번잡스럽고 혼란스러운 세상에는 몸을 맡기지 않는 다는 겁니다.

不處身違道, 爲世煩亂也.

그 내실에 머무르지,

處其實,

충성과 신의에 처합니다.

處忠信也.

그 화려한 껍질에 머무르지 않는다는 겁니다.

不居其華.

화려한 말을 숭상하지 않습니다.

不尚華言也.

그러므로 저 화려한 껍질을 버리고, 이 두터운 내실을 취하는 겁 니다.

故去彼取此.

저 화려한 껍질과 같은 엷음을 버리고, 이 두터운 열매와 같은 내 실을 취하는 겁니다.

去彼華薄, 取此厚實.

제39장   도의 근본을 본받음

법본(法本)

예부터 하나(一)를 얻은 것들이 있었으니,

昔之得一者,

석(昔)은 지나간 옛날을 뜻합니다. 하나(一)는 인위적으로 하는
일이 없는 무위(無爲)이면서 도의 자식입니다.

昔, 往也. 一, 無爲, 道之子也.

하늘은 하나를 얻어 맑고,

天得一以淸,

하늘은 하나를 얻었기 때문에 상을 드리워 맑고 밝을 수 있음을
말한 겁니다.

言天得一故能垂象淸明.

땅은 하나를 얻어 편안하며,

地得一以寧,

땅은 하나를 얻었기 때문에 편안하고 고요하여 동요하지 않을
수 있음을 말한 겁니다.

言地得一故能安靜不動搖.

신은 하나를 얻어 영묘하고,

神得一以靈,

신은 하나를 얻었기 때문에 변화하면서도 형체를 드러내지 않을
수 있음을 말한 겁니다.

言神得一故能變化無形.

골짜기는 하나를 얻어 가득하며,

谷得一以盈,

골짜기는 하나를 얻었기 때문에 가득 채우면서도 끊어지지 않을
수 있음을 말한 겁니다.

言谷得一故能盈滿而不絶也.

만물은 하나를 얻어 생겨나고,

萬物得一以生,

만물은 모두 마땅히 도로써 생겨나고 이루어짐을 말한 겁니다.

言萬物皆須道以生成也.

제후나 왕은 하나를 얻어 천하를 바르게 합니다.

侯王得一以爲天下正.

제후나 왕은 하나를 얻었기 때문에 천하를 화평하고 바르게 할
수 있음을 말한 겁니다.

言侯王得一故能爲天下平正.

그러나 다음과 같이 훈계를 하기도 하는데,

其致之,

치(致)는 훈계한다는 의미이며, 다음의 여섯 가지 일을 말합니다.

致, 誠也. 謂下六事也.

하늘이 맑지 못하면 아마도 갈라질 것이며,

天無以淸將恐裂,

하늘은 마땅히 음과 양, 늦춤과 조임, 낮과 밤, 고침과 쓰임을 가져야 하지만, 맑고 밝음이 그치지 않기만을 바랄 수는 없으니, 아마도 나뉘고 갈라져 하늘답지 못할 수도 있음을 말한 겁니다.

言天當有陰陽弛張, 晝夜更用, 不可但欲淸明無已時, 將恐分裂不爲天.

땅이 편안하지 못하면 아마도 폭발할 것이고,

地無以寧將恐發,

땅은 마땅히 높고 낮음과 굳셈과 부드러움, 절기와 오행을 가져야 하지만, 편안하고 고요함이 그치지 않기만을 바랄 수는 없으니, 아마도 폭발하고 새어서 땅답지 못할 수도 있음을 말한 겁니다.

言地當有高下剛柔, 節氣五行, 不可但欲安靜無已時, 將恐發泄不爲地.

신이 영묘하지 못하면 아마도 영험함이 그쳐버릴 것이며,

神無以靈將恐歇,

신은 마땅히 왕과 재상, 죄와 죽음, 쉼과 폐함을 가져야 하지만, 영묘한 변화가 그치지 않기만을 바랄 수 없으니, 아마도 비고 그쳐

버려 신답지 못할 수도 있음을 말한 겁니다.

言神當有王相囚死休廢, 不可但欲靈變無已時, 將恐虛歇不爲神.

골짜기가 가득 차지 못하면 아마도 메마를 것이고,
谷無以盈將恐竭,

골짜기는 마땅히 가득 참과 모자람, 텅 빔과 실함이 있어야 하지만, 가득 참이 그치지 않기만을 바랄 수는 없으니, 아마도 메말라 골짜기답지 못할 수도 있음을 말한 겁니다.

言谷當有盈縮虛實, 不可但欲盈滿無已時, 將恐枯竭不爲谷.

만물이 생겨나지 못하면 아마도 멸망할 것이며,
萬物無以生將恐滅,

만물은 마땅히 때에 따라서 태어나고 죽음이 있어야 하지만, 장생이 그치지 않기만을 바랄 수는 없으니, 아마도 멸망하여 만물답지 못할 수도 있음을 말한 겁니다.

言萬物當隨時生死, 不可但欲長生無已時, 將恐滅亡不爲物.

제후나 왕이 고귀하지 못하면 아마도 밀려날 겁니다.
侯王無以貴高將恐蹶.

제후나 왕은 마땅히 자신을 굽혀서 다른 사람 아래에 서고 부지런히 어진 사람을 등용해야 하지만, 다른 사람보다 고귀함이 그치지 않기만을 바랄 수는 없으니, 아마도 뒤집혀 밀려나 그 지위를 잃을 수도 있음을 말한 겁니다.

言侯王當屈己以下人, 汲汲求賢, 不可但欲貴高於人無已時, 將恐
蹶失其位.

그러므로 귀한 것은 반드시 천한 것을 근본을 삼고,

故貴[必]以賤爲本,

반드시 존귀해지고자 한다면 마땅히 천박함을 근본으로 하여야
함을 말한 겁니다. 마치 우(禹)임금과 직(稷)이 몸소 농사를 짓고,
순(舜)임금이 강가에서 도자기를 빚고, 주공(周公)이 초라한 초가집
에 사는 백성에게 자신을 낮춘 것과 같은 겁니다.

言必欲尊貴, 當以薄賤爲本. 若禹稷躬稼, 舜陶河濱, 周公下白屋也.

높은 것은 반드시 낮은 것을 기초로 합니다.

高必以下爲基.

반드시 존귀해지고자 한다면 마땅히 아래를 근본으로 하여야 함
을 말한 겁니다. 마치 담장을 쌓을 때 낮은 곳으로 인해 높은 곳이
이루어지는 것과 같으니, 아래가 견고하지 않으면 나중에 반드시
기울어질 위험에 처하게 됩니다.

言必欲尊貴, 當以下爲本基, 猶築牆造功, 因卑成高, 下不堅固, 後
必傾危.

**이 때문에 제후나 왕은 스스로를 '고아 같은 사람'이나 '부족한
사람', '보잘것없는 사람'이라고 부르기도 합니다.**

是以侯王自稱孤寡不穀.

孤寡(고과)는 외롭고 홀로됨에 비유하였고, 불곡(不穀)은 수레의
바퀴통과 같이 여러 개의 바퀴살이 굴대에 모여들게 할 수 없음을
비유한 겁니다.

孤寡喻孤獨, 不穀喻不能如車轂爲衆輻所湊.

이것이 천함을 근본으로 한다는 것 아니겠습니까?

此非以賤爲本邪?

제후나 왕이 존귀해지면 스스로를 고아나 부족한 사람으로 부를
수 있다는 것, 바로 이것은 천함을 근본으로 한 것 아니겠습니까?
사람들을 깨치기 위해서입니다.

言侯王至尊貴, 能以孤寡自稱, 此非以賤爲本乎? 以曉人.

그렇지 않습니까!

非乎!

탄식하여 한 말입니다.

嗟嘆之辭.

**그러므로 수레에 다가가 부품을 헤아려 보아도 그 자체에는 수
레가 없는 것이니,**

故致數車無車,

치(致)는 나아간다는 뜻입니다. 사람이 수레에 다가가 그것을 세
어도 바퀴살·바퀴·굴대·횡목·짐칸은 있지만, 수레라고 이름할 만
한 것이 없기에 수레가 된 겁니다. 비유하자면 제후나 왕이 스스로

를 존귀하게 부르지 않기 때문에 자신의 존귀함을 이룰 수 있는 겁니다.

致, 就也. 言人就車數之爲輻·爲輪·爲轂·爲衡·爲轝, 無有名爲車者, 故成爲車. 以喩侯王不以尊號自名, 故能成其貴.

옥과 같이 빛을 발하거나 돌과 같이 천대받길 바라지 않아야 합니다.

不欲琭琭如玉, 落落如石.

록록(琭琭)은 적음에 비유한 것이고, 낙낙(落落)은 많은 것에 비유한 것이니, 옥은 적기 때문에 귀하게 보이고 돌은 많기 때문에 천하게 보이는 겁니다. 옥과 같이 사람들에게 귀하게 되려거나 돌과 같이 천하게 되려 하지 말고, 마땅히 그 중용에 처해야 함을 말한 겁니다.

琭琭喩少, 落落喩多, 玉少故見貴, 石多故見賤. 言不欲如玉爲人所貴, 如石爲人所賤, 當處其中也.

제40장　쓰임을 버림

거용(去用)

근본으로 되돌아감이 도의 움직임이며,

反者道之動,

반(反)은 근본으로 되돌아감을 뜻합니다. 근본이라는 것은 도가 움직이는 이유이며, 움직이면 만물을 낳고 이를 어기면 멸망하게 됩니다.

反, 本也. 本者, 道之所以動, 動生萬物, 背之則亡.

나긋나긋함은 도의 쓰임입니다.

弱者道之用.

부드럽고 나긋나긋하다는 것은 도의 영원한 쓰임이기 때문에 항상 오래갈 수 있는 겁니다.

柔弱者, 道之所常用, 故能長久.

천하 만물은 있음(有)에서 생겨나고,

天下萬物生於有,

천하 만물은 모두 천지로부터 생겨나고, 천지는 형태와 위치가 있기 때문에 있음(有)에서 생겨난다고 말하는 겁니다.

天下萬物皆從天地生, 天地有形位, 故言生於有也.

있음(有)은 없음(無)에서 생겨납니다.

有生於無.

천지와 신명, 날아다니는 벌레나 기어 다니는 벌레 등 모든 것이 도에서 생겨났지만, 도는 형체가 없기 때문에 없음(無)에서 생겨났다고 말하는 겁니다. 이는 뿌리가 꽃을 이기고, 나긋나긋함이 강함을 이기며, 겸손하게 비워냄이 가득 차 있음을 이긴다고 말하는 겁니다.

天地神明, 蜎飛蠕動, 皆從道生, 道無形, 故言生於無也. 此言本勝
於華, 弱勝於强, 謙虛勝盈滿也.

뛰어난 사람은 도를 들으면 힘써 행하고,

上士聞道, 勤而行之;

뛰어난 사람은 도를 들으면 스스로 전력을 다하여 행합니다.

上士聞道, 自勤苦竭力而行之.

어중간한 사람은 도를 들으면 긴가민가 망설이고,

中士聞道, 若存若亡;

어중간한 사람은 도를 듣고서 몸을 닦으면 장수할 수 있고, 나라
를 다스리면 태평성대를 이룰 수 있으니, 기쁜 마음으로 그렇게 합
니다. 그러나 도에서 물러나면 재물과 여색이나 영달과 명예만을
보고서 오욕칠정에 미혹되어 다시 자신을 망쳐버리게 됩니다.

中士聞道, 治身以長存, 治國以太平, 欣然而存之. 退見財色榮譽,
惑於情欲, 而復亡之也.

못난 사람은 도를 들으면 큰 소리로 웃으며 무시해 버립니다.

下士聞道, 大笑之.

못난 사람은 탐심과 욕심이 많으니, 도를 닦는 사람의 부드러움과 나긋나긋함을 보고서는 두렵고 무서워서 그렇다 말하고, 그의 질박함을 보고서는 비천하고 견문이 좁아서 그렇다고 말합니다. 그러므로 크게 웃으며 무시하는 겁니다.

下士貪狠多欲, 見道柔弱, 謂之恐懼, 見道質朴, 謂之鄙陋, 故大笑之.

웃음거리가 되지 않고서는 도라 하기에는 부족한 면이 있습니다.

不笑不足以爲道.

못난 사람에게 웃음거리가 되지 않고서는 도라 하기에는 부족한 면이 있습니다.

不爲下士所笑, 不足以名爲道.

그러므로 다음과 같이 설정한 말들이 있어 왔는데,

故建言有之:

건(建)은 설정한다는 뜻입니다. 다음에 설정한 말들로써 도를 표시하였는데, 다음과 같은 구절들입니다.

建, 設也. 設言以有道, 當如下句.

밝은 도를 지닌 사람은 마치 우매한 것 같고,

明道若昧,

밝은 도를 지닌 사람은 마치 우매한 사람같이 드러나 보이는 게 없습니다.

明道之人, 若闇昧無所見.

앞서서 도를 얻은 사람은 마치 뒤떨어진 것처럼 보이며,

進道若退,

앞서서 도를 얻은 사람은 마치 뒤처져 미치지 못한 것처럼 보입니다.

進取道者, 若退不及.

큰 도를 지닌 사람은 마치 평범한 무리와 같고,

夷道若纇.

이(夷)는 넓고 크다는 뜻입니다. 큰 도를 지닌 사람은 스스로를 특별하게 여기지 않고, 다수의 보통사람과 함께합니다.

夷, 平也. 大道之人不自別殊, 若多比類也.

제일가는 덕을 지닌 사람은 마치 골짜기와 같으며,

上德若谷,

제일가는 덕을 지닌 사람은 깊은 골짜기 같아서 더러움과 탁한 것마저도 받아들임을 부끄러워하지 않습니다.

上德之人若深谷, 不恥垢濁也.

크게 결백한 사람은 마치 더러운 것 같고,

大白若辱,

크게 결백한 사람은 더럽고 욕된 것처럼 보이지만 자신을 밝고

또렷하게 드러내지 않습니다.

大潔白之人若汙辱, 不自彰顯.

넓은 덕을 지닌 사람은 모자란 것 같으며,

廣德若不足,

덕을 드넓고 크게 행하는 사람은 마치 어리석고 아둔하여 모자란 사람처럼 보입니다.

德行廣大之人, 若愚頑不足也.

든든하게 세워진 덕을 지닌 사람은 질질 끌려가는 것 같고,

建德若揄,

도와 덕을 든든하게 세운 사람은 마치 질질 끌려가는 것처럼 공허하게 보입니다.

建設道德之人, 若可揄引使空虛也.

바탕이 질박하고 곧은 사람은 잘 변하는 것 같으며,

質直若渝,

바탕이 소박한 사람은 마치 오색이 변하고 뒤섞여서 밝지 않은 것 같습니다.

質朴之人, 若五色有渝淺不明也.

아주 크게 네모진 것은 모나지 않고,

大方無隅,

아주 방정한 사람은 굽거나 모난 것이 없습니다.

大方正之人, 無委曲廉隅.

큰 그릇은 늦게 이루어지며,

大器晚成,

큰 그릇을 가진 사람은 마치 큰 솥이나 종묘의 제기 같아서 갑자기 이루어질 수 있는 것이 아닙니다.

大器之人, 若九鼎瑚璉, 不可卒成也.

큰 소리는 드물게 소리를 내고,

大音希聲,

큰 소리는 천둥 번개가 때에 맞게 울리듯이, 비유하자면 기를 아끼고 말을 적게 하는 것과 같습니다.

大音猶雷霆待時而動, 喻當愛氣希言也.

큰 모습을 지닌 사람은 형용하기 어려우며,

大象無形,

큰 모습을 지닌 사람은 질박하여 형용하기가 어렵습니다.

大法象之人, 質朴無形容.

도는 감추어져 이름할 수도 없지만,

道隱無名,

도는 감추어져 있어 사람들이 가리켜 이름할 수가 없습니다.

道潛隱, 使人無能指名也.

오직 도만이 잘 베풀어주고 성취하게 해줍니다.

夫唯道善貸且成.

성(成)은 성취하다는 뜻입니다. 도는 사람들에게 정과 기를 잘 베풀어주고 또한 성취시켜 줌을 말한 겁니다.

成, 就也. 言道善稟貸人精氣, 且成就之也.

제42장　도의 변화
도화(道化)

도는 하나(一)를 낳고,

道生一,

도가 처음 낳은 것이 하나(一)입니다.

道始所生者一也.

하나(一)는 둘(二)을 낳으며,

一生二,

하나(一)는 음과 양을 낳습니다.

一生陰與陽也.

둘(二)은 셋(三)을 낳고,

二生三,

음과 양은 화기(和氣)와 청기(淸氣), 탁기(濁氣)라는 세 가지를 낳고, 나뉘어져 천(天)·지(地)·인(人)이 됩니다.

陰陽生和·淸·濁三氣, 分爲天地人也.

셋(三)은 만물을 낳습니다.

三生萬物.

천·지·인이 함께 만물을 낳습니다. 하늘은 베풀고 땅은 변화시키며 사람은 기르고 성장시킵니다.

天地人共生萬物也. 天施地化, 人長養之.

만물은 음을 등지고 양을 향하며,

萬物負陰而抱陽,

만물은 음을 등지고서 양을 향하지 아니한 것이 없으며, 중심을 돌면서 양인 햇빛(日)을 향해 나아갑니다.

萬物無不負陰而向陽, 迴心而就日.

중심의 충기로써 조화를 이룹니다.

沖氣以爲和.

만물의 중심에는 모두 원기가 있어 조화와 부드러움을 갖는데, 마치 가슴 가운데에는 장기(臟器)가 있고 뼈 가운데에는 골수가 있으며 풀과 나무의 중심은 텅 비어 있어 기가 통하는 것과 같기 때문에 오래 살 수 있게 됩니다.

萬物中皆有元氣, 得以和柔, 若胸中有臟, 骨中有髓, 草木中有空虛
與氣通, 故得久生也.

　사람들은 오직 '고아 같은 사람', '짝 잃은 사람', '부족한 사람'이
되는 것을 싫어 하지만, 왕이나 공작은 자신들의 호칭으로 여깁
니다.

　人之所惡, 唯孤寡不穀, 而王公以爲稱.

　'고아 같은 사람', '짝 잃은 사람', '부족한 사람'이라는 것은 상서
로운 명칭은 아니지만, 왕이나 공작이 자신들의 호칭으로 여긴다
는 것은 겸손해하고 자신을 낮추면서 마음을 비우고 조화로움과
부드러움을 본받는다는 의미입니다.

　孤寡不穀者, 不祥之名, 而王公以爲稱者, 處謙卑, 法空虛和柔.

　그러므로 사물은 덜어내면 더해지기도 하고,

　故物或損之而益,

　자기에게 끌어당기면 얻지 못하고, 남에게 미루면 반드시 자신
에게 되돌아옵니다.

　引之不得, 推之必還.

　혹 보태려 들면 오히려 덜어지기도 합니다.

　或益之而損.

　더욱 높이려는 자는 무너지게 되고, 부유함만을 탐내는 자는 우
환을 당하기도 합니다.

夫增高者致崩, 貪富者致患.

사람들이 가르치려 하는 것이 있지만,

人之所教,

많은 사람이 가르치려 하는 것으로 나긋나긋함을 버리고 강하게 되려는 것이나 부드러움을 버리고 굳세게 되려는 것을 말합니다.

謂衆人所教, 去弱爲强, 去柔爲剛.

나 또한 가르치려는 것이 있습니다.

我亦教之.

내가 많은 사람에게 가르치려는 것은, 강함을 버리고 나긋나긋하게 되거나 굳셈을 버리고 부드럽게 되게 하는 것을 말합니다.

言我教衆人, 使去强爲弱, 去剛爲柔.

들보같이 강하기만 한 자는 제명에 죽지 못합니다.

强梁者, 不得其死.

들보같이 강하기만 한 자란, 현묘함을 믿지 않고 도와 덕을 배반하며 경전의 가르침을 따르지 아니하고, 기세를 숭상하고 힘에 맡기는 사람을 말합니다. 제명에 죽지 못한다는 것은 천명이 끊어지거나, 병기나 칼날에 베이거나, 왕이 제정한 법에 의해 죽임을 당하니, 자기가 부여받은 수명에 죽지 못한다는 겁니다.

强梁者, 謂不信玄妙, 背叛道德, 不從經教, 尙勢任力也. 不得其死者, 爲天命所絶, 兵刃所伐, 王法所殺, 不得以壽命死也.

나는 앞으로 이것을 가르침의 으뜸으로 삼으려 합니다.

吾將以爲敎父.

부(父)는 근본이나 으뜸이라는 뜻입니다. 노자는 들보같이 강하기만 한 자를 가르침과 경계의 으뜸으로 삼았습니다.

父, 始也. 老子以强梁之人爲敎誡之始也.

제43장　두루 쓰임
편용(偏用)

천하에 가장 부드러운 것이 세상에서 가장 견고한 것을 파고듭니다.

天下之至柔, 馳騁天下之至堅.

세상에서 가장 부드러운 것은 물입니다. 가장 견고한 것은 쇠와 돌입니다. 물은 견고한 것을 관통하고 단단한 것을 뚫고 들어가니, 통하지 못하는 것이 없습니다.

至柔者, 水也. 至堅者, 金石也. 水能貫堅入剛, 無所不通.

형체 없는 것은 틈이 없는 곳에도 들어갈 수 있습니다.

無有入[於]無間.

'형체 없는 것'이란 도를 말합니다. 도는 형체와 질감이 없기 때문에 틈이 없는 곳에도 들고날 수 있어 신명과 통하고 여러 생명을 구제할 수 있습니다.

無有謂道也. 道無形質, 故能出入無間, 通神明濟群生也.

나는 이 때문에 인위적으로 하는 일이 없는 무위(無爲)의 유익함을 알고 있습니다.

吾是以知無爲之有益.

나는 도의 인위적으로 하는 일이 없는 무위와 만물이 스스로 조화되어 이루어짐을 보니, 이 때문에 무위가 사람에게 유익함을 알고 있다는 겁니다.

吾見道無爲而萬物自化成, 是以知無爲之有益於人也.

말 없는 가르침과,

不言之敎,

도의 말 없는 가르침을 본받아 몸으로써 실천합니다.

法道不言, 師之以身.

인위적으로 하는 일이 없는 무위의 유익함은,

無爲之益,

도의 인위적으로 하는 일이 없는 무위를 본받아 몸을 닦게 되면 정과 신에 유익하고, 나라를 다스리게 되면 만백성에게 유익합니다. 수고롭거나 번거롭지 않기 때문입니다.

法道無爲, 治身則有益於精神, 治國則有益於萬民, 不勞煩也.

천하 세상의 임금에게까지 미치는 일이 드뭅니다.

天下希及之.

천하(天下)는 임금을 뜻합니다. 도의 인위적으로 하는 일이 없는 무위로 몸을 닦거나 나라를 다스릴 수 있는 군주가 드물다는 겁니다.

天下, 人主也. 希能有及道無爲之治身治國也.

제44장　　삶의 경계를 세움
입계(立戒)

명예와 내 몸 중 어느 것이 더 귀중합니까?

名與身孰親?

명예가 이루어지면 몸은 물러나야 합니다.

名遂則身退也.

몸과 재산 중 어느 것이 더 소중합니까?

身與貨孰多?

재산이 많으면 몸을 해치게 됩니다.

財多則害身也.

얻음과 잃어버림 중 어느 것이 병폐입니까?

得與亡孰病?

이득을 얻는 것만 좋아하면 행동하는 데 병폐가 됩니다.

好得利則病於行也.

지나치게 좋아하다 보면 반드시 크게 쓰게 되고,

甚愛必大費,

지나치게 색욕을 좋아하다 보면 정과 신을 크게 쓰게 되고, 지나치게 재물을 좋아하다 보면 불행과 우환을 맞게 됩니다. 좋아하는 것으로 인해 즐거움은 적고 잃은 것이 많기 때문에 크게 쓰게 된다고 말하는 겁니다.

甚愛色, 費精神. 甚愛財, 遇禍患. 所愛者少, 所亡者多, 故言大費.

너무 많이 감추어 두면 반드시 더 많이 잃게 됩니다.

多藏必厚亡.

살아 있을 때에는 창고에 많은 것을 저장해 두고 죽어서는 무덤에 많은 것을 묻어둡니다. 때문에 살아 있을 때는 공격당하거나 빼앗기는 걱정거리가 있게 되고, 죽어서는 무덤이 도굴당하고 관이 열리는 걱정거리가 있게 됩니다.

生多藏於府庫, 死多藏於丘墓. 生有攻劫之憂, 死有掘塚探柩之患.

만족함을 알면 모욕을 당하지 않고,

知足不辱,

만족할 줄 아는 사람은 잇속을 끊고 욕심을 버리니, 자신을 욕보이지 않습니다.

知足之人絶利去欲, 不辱於身.

멈출 줄을 알면 위태롭지 않으며,

知止不殆,

멈출 수 있음을 알면 그치게 되어 재물의 잇속에 몸과 마음을 빼앗기지 않고, 소리나 색에 눈과 귀를 어지럽히지 않으면 죽을 때까지 위태롭지 않게 됩니다.

知可止則止, 財利不累於身心, 聲色不亂於耳目, 則終身不危殆也.

오래오래 살 수 있습니다.

可以長久.

사람이 그침과 만족을 알게 되면 복록이 자기에게 달려 있으니, 몸을 닦는 자는 신을 수고롭게 하지 않고, 나라를 다스리는 자는 백성들을 동요치 않게 하기 때문에 오래오래 살 수 있는 겁니다.

人能知止足, 則福祿在己, 治身者, 神不勞, 治國者, 民不擾, 故可長久.

제45장　　크나큰 덕이란

홍덕(洪德)

크게 이룬 군주는 결함이 있는 듯하지만,

大成若缺,

크게 이룬 것은 도와 덕을 크게 이룬 군주를 말합니다. 결함이 있는 듯하다는 것은 명성을 없애고 명예를 감추니 마치 훼손되어 결함이 있거나 준비되지 않은 것 같다는 겁니다.

[大成者], 謂道德大成之君也. 若缺者, 滅名藏譽, 如毀缺不備也.

그 쓰임에는 다함이 없으며,

其用不弊;

그 마음 쓰는 것이 이와 같으면 해지고 다하는 때가 없습니다.

其用心如是, 則無敝盡時也.

속이 크게 가득 찬 군주는 마치 비어 있는 듯하지만,

大盈若沖,

속이 크게 가득 찬 것은 도와 덕이 크게 가득 찬 군주를 말합니다. 비어 있는 듯하다는 것은 존귀하면서도 감히 교만하지 않으며 부유하면서도 감히 사치스럽지 않다는 겁니다.

[大盈者], 謂道德大盈滿之君也. 若沖者, 貴不敢驕, 富不敢奢也.

그 쓰임에는 끝이 없습니다.

其用不窮.

그 마음 쓰는 것이 이와 같다면 끝이나 다하는 때가 없다는 겁니다.

其用心如是, 則無窮盡時也.

크게 곧은 것은 굽은 듯하며,

大直若屈,

크게 곧다는 것은 도의 법도를 닦아 바르고 곧음이 한결같음을 말한 겁니다. 굽은 듯하다는 것은 세속 사람들과 다투지 않아 마치 비굴하고 꺾인 듯하다는 겁니다.

大直謂修道法度, 正直如一也. 若屈者, 不與俗人爭, 若可屈折.

큰 솜씨는 서투른 듯하고,

大巧若拙,

큰 솜씨는 재주와 꾀가 많은 것을 말합니다. 서투른 듯하다는 것은 보이되 감히 자신의 능력을 드러내지 않는다는 겁니다.

大巧謂多才術也. 若拙者, 示不敢見其能.

뛰어난 달변가는 어눌한 듯합니다.

大辯若訥.

뛰어난 달변가는 지혜로워 의문스러움이 없다는 뜻입니다. 어눌한 듯하다는 것은 입에서 말이 거의 없다는 것을 말합니다.

大辯者, 智無疑. 若訥者, 口無辭.

조급함이 극에 달하면 추워지고,

躁勝寒,

승(勝)은 극에 달한다는 뜻입니다. 봄과 여름에는 따스한 기운이 하늘에서 다급하고 빠르게 움직여 만물이 번성하여 커나가지만, 극에 달하면 추워지고, 추워지면 초목이 시들고 메말라 죽게 됩니다. 사람도 마땅히 너무 굳세거나 조급하지 말아야 함을 말한 겁니다.

勝, 極也. 春夏陽氣躁疾於上, 萬物盛大, 極則寒, 寒則零落死亡也, 言人不當剛躁也.

고요함이 극에 달하면 따뜻해지니,

靜勝熱,

가을과 겨울에는 만물이 땅속에서 고요히 침잠하지만, 고요함이
극에 달하면 따스해지니, 따스함은 생명의 원천입니다.

秋冬萬物靜於黃泉之下, 極則熱, 熱者生之源.

맑음과 고요함은 천하를 바르게 할 수 있습니다.

淸靜爲天下正.

맑고 고요할 수 있으면 천하의 우두머리가 되고, 몸을 바르게 지
키면 끝나거나 그칠 때가 없을 겁니다.

能淸靜則爲天下之長, 持身正則無終已時也.

제46장　지나친 욕심을 줄임

검욕(儉慾)

천하의 군주에게 도가 있으면,

天下有道,

임금에게 도가 있음을 말합니다.

謂人主有道也.

달리는 말을 되돌려 논밭에 거름을 주게 하고,

却走馬以糞,

분(糞)은 거름을 준 논밭을 말합니다. 나라를 다스리는 자는 군사를 일으키지 않고 달리는 말을 되돌려 논밭을 갈게 하고, 몸을 다스리는 자는 양의 정을 되돌려 자신의 몸을 보완하게 합니다.

糞者, 糞田也. 〔治國者〕兵甲不用, 卻走馬[以]治農田, 治身者却陽精以糞其身.

천하의 군주에게 도가 없으면,

天下無道,

임금에게 도가 없음을 말합니다.

謂人主無道也.

전투마가 성 밖 교외에서 새끼를 칩니다.

戎馬生於郊.

전쟁과 정벌이 그치지 않으면 전투마도 성 밖 교외에서 새끼를 치며 오래도록 돌아오지 못합니다.

戰伐不止, 戎馬生於郊境之上, 久不還也.

죄로는 욕심내는 것보다 큰 것이 없으며,

罪莫大於可欲,

음란함과 여색을 좋아하는 것을 말합니다.

好淫色也.

재앙으로는 만족을 알지 못하는 것보다 큰 것이 없고,

禍莫大於不知足,

부유하고 존귀해지면 스스로 금하지 않고 멈출 수가 없습니다.

富貴不能自禁止也.

허물로는 자기 욕심을 채우는 것보다 큰 것이 없으며,

咎莫大於欲得,

사람과 사물을 얻고자 하는 욕심은 잇속이자 탐욕입니다.

欲得人物, 利且貪也.

그러므로 만족함을 아는 데서 오는 만족함만이,

故知足之足,

참된 근본을 지킵니다.

守眞根也.

항상 만족함입니다.

常足[矣].

욕심이 없는 것을 말합니다.

無欲心也.

제47장　멀리 비추어 봄

감원(鑒遠)

문밖으로 나가지 않고도 천하를 알고,

不出戶[以]知天下,

성인이 문밖으로 나가지 않고도 천하를 아는 것은 자신의 몸을 살핌으로써 다른 사람들의 몸을 알고, 자신의 집을 살핌으로써 다른 사람들의 집을 알기에 천하를 아는 것입니다.

聖人不出戶以知天下者, 以己身知人身, 以己家知人家, 所以見天下也.

창으로 내다보지 않고도 하늘의 도를 볼 수 있으며,

不窺牖[以]見天道,

하늘의 도와 사람의 도는 같기에 하늘과 사람은 서로 통하고, 정과 기도 서로 관통하는 겁니다. 군주가 맑고 고요하면 하늘의 기는 저절로 바르게 되고, 군주가 욕심이 많으면 하늘의 기도 번잡스러워지고 흐려집니다. 길하거나 흉한 것, 이롭거나 해로운 것은 모두 자신으로부터 말미암은 겁니다.

天道與人道同, 天人相通, 精氣相貫. 人君清淨, 天氣自正, 人君多欲, 天氣煩濁. 吉兇利害, 皆由於己.

멀리 나가면 나갈수록 그 앎도 더욱 적어지는 겁니다.

其出彌遠, 其知彌少.

자기 집을 떠나서 다른 사람의 집을 살피고, 자신의 몸을 떠나서 다른 사람의 몸을 관찰하려 하니, 관찰의 대상은 더욱 멀어지고 보이는 것도 더욱 적어짐을 말한 겁니다.

謂去其家觀人家, 去其身觀人身, 所觀益遠, 所見益少也.

이 때문에 성인은 나다니지 않고도 알며,

是以聖人不行而知,

성인이 하늘에 오르지 않고 연못에 들어가지 않고도 천하를 알 수 있는 것은, 마음으로 그것을 알기 때문입니다.

聖人不上天, 不入淵, 能知天下者, 以心知之也.

드러내지 않아도 명예롭고,

不見而名,

위에서 도를 좋아하면 아래에서는 덕을 좋아하며, 위에서 무력을 좋아하면 아래에서는 힘을 좋아합니다. 성인은 작은 것을 근원으로 하여 큰 것을 알고, 안을 살펴서 밖을 아는 겁니다.

上好道, 下好德; 上好武, 下好力. 聖人原小知大, 察內知外.

인위적으로 하지 않아도 저절로 이루어집니다.

不爲而成.

위에서 인위적으로 하는 바가 없으면 아래에서도 별 탈이 없어지니, 집은 넉넉해지고 사람들은 만족해하며 만물은 저절로 변화하고 이루어집니다.

上無所爲, 則下無事, 家給人足, 萬物自化就也.

제48장

얄팍한 지식을 잊음

망지(忘知)

학문의 길은 날마다 쌓아가는 것이고,

爲學日益,

학문이란 정교(政敎)와 예악(禮樂)을 배우는 것을 말합니다. 날마다 쌓아간다는 것은 오욕칠정과 허례허식이 날마다 더욱 많아짐을 뜻합니다.

學謂政敎禮樂之學也. 日益者, 情欲文飾日以益多.

도의 길은 날마다 덜어내는 겁니다.

爲道日損.

도는 저절로 그러한 도인 자연을 말합니다. 날마다 덜어낸다는 것은 오욕칠정과 허례허식을 날마다 없애고 줄여가는 겁니다.

道謂自然之道也. 日損者, 情欲文飾日以消損.

덜어내고 또 덜어내어,

損之又損[之],

덜어낸다는 것은 오욕칠정을 덜어내는 겁니다. 또 덜어낸다는 것은 점차적으로 제거해 간다는 겁니다.

[損之者], 損情欲也. 又損之[者], 所以漸去[之也].

인위적으로 하는 일이 없는 무위(無爲)에 이르게 되면,

以至於無爲,

마땅히 갓난아이처럼 편안하고 담박해야 하며, 인위적으로 조작하는 일이 없어야 합니다.

當恬淡如嬰兒, 無所造爲也.

인위적으로 하는 일이 없는 무위여야 하지 못할 게 없어집니다.

無爲而無不爲.

오욕칠정을 단절하고 덕이 도에 합해지면 베풀지 못할 것이 없고, 하지 못할 것도 없어집니다.

情欲斷絕, 德於道合, 則無所不施, 無所不爲也.

천하를 다스리는 것은 항상 무위의 일로 해야 하는데,

取天下常以無事,

취(取)는 다스린다는 뜻입니다. 천하를 다스리는 것은 마땅히 무위의 일로 해야지 번거롭게 힘써서는 안 됩니다.

取, 治也. 治天下當以無事, 不當勞煩也.

인위적으로 하는 일이 있는 유위(有爲)로 해서는 천하를 다스리기에는 부족합니다.

及其有事, 不足以取天下.

인위적으로 하는 일이 있는 유위를 선호하게 되면 정치나 교육이 번거로워지고 백성은 불안해하기 때문에 천하를 다스리기에는 부족합니다.

及其好有事, 則政教煩, 民不安, 故不足以治天下也.

┃제49장　　덕에 맡김
임덕(任德)

성인에게는 고정된 마음이 없으며,

聖人無常心.

성인은 고치거나 변경하는 것을 중요하게 여기고, 원인과 순환을 귀히 여겨, 마치 자신의 마음이 없는 것처럼 보입니다.

聖人重改更, 貴因循, 若自無心.

백성의 마음을 자기의 마음으로 삼습니다.

以百姓心爲心.

백성이 마음 편하게 생각하는 것을 성인은 따르고 쫓아갑니다.

百姓心之所便, 聖人因而從之.

선한 사람에게는 성인도 선하게 대하며,

善者吾善之,

백성들이 선을 행하면 성인도 따라서 선을 행합니다.

百姓爲善, 聖人因而善之.

선하지 않은 사람에게도 성인은 또한 선하게 대하니,

不善者吾亦善之,

백성들 중에서 비록 선하지 못한 자가 있어도 성인은 그들을 교화시켜 선하게 만듭니다.

百姓雖有不善者, 聖人化之使善也.

덕과 선입니다.

德善.

백성들은 덕으로 교화되며 성인은 선을 행합니다.

百姓德化, 聖人爲善.

믿는 사람은 성인도 신뢰를 하며,

信者吾信之,

백성들이 믿음을 행하면 성인도 따라서 그들을 신뢰합니다.

百姓爲信, 聖人因而信之.

믿지 않는 사람도 성인 또한 신뢰를 하니,

不信者吾亦信之,

백성들이 믿지 않아도 성인은 그들을 교화시켜 믿게 만듭니다.

百姓爲不信, 聖人化之使信也.

덕과 믿음입니다.

德信.

백성들은 덕으로 교화되며 성인은 믿음을 행합니다.

百姓德化, 聖人爲信.

성인이 세상에 임할 때는 항상 두려운 마음을 지니며,

聖人在天下怵怵,

성인이 세상에 임할 때는 항상 두려운 마음을 지니니, 부유하거나 존귀하여도 감히 교만하거나 사치하지 않습니다.

聖人在天下怵怵常恐怖, 富貴不敢驕奢.

세상을 위하여 자신의 마음을 흐릿하게 만듭니다.

爲天下渾其心.

성인은 온 세상 백성을 위하여 자신의 마음을 흐릿하게 만드니, 마치 어리석고 우매해서 통하지 않는 것 같다는 말입니다.

言聖人爲天下百姓混濁其心, 若愚闇不通也.

백성들은 모두 자신의 눈과 귀를 집중적으로 활용하는데,

百姓皆注其耳目,

주(注)는 활용한다는 뜻입니다. 백성들은 모두 눈과 귀를 활용하는데 성인의 보고 듣는 것이 됩니다.

注, 用也. 百姓皆用其耳目爲聖人視聽也.

성인은 그들을 모두 아이처럼 대합니다.

聖人皆孩之.

성인은 백성을 막 태어난 갓난아이와도 같이 사랑하고 생각하니, 그들을 기르면서도 그 보답을 바라지 않습니다.

聖人愛念百姓如嬰孩赤子, 長養之而不責望其報.

제50장 생명을 귀하게 여김
귀생(貴生)

태어남을 삶이라 하고 들어감을 죽음이라 합니다.

出生入死.

출생(出生)이란 오욕칠정이 오장육부에서 나오는 것을 말하는 것으로, 혼이 안정되고 백이 고요해지니, 그러므로 사는 겁니다. 입사(入死)란 오욕칠정이 가슴으로 들어가는 것을 말한 것으로, 정은 수고로워지고 신은 의혹에 휩싸이니, 그러므로 죽게 되는 겁니다.

出生, 謂情欲出[於]五內, 魂定魄靜, 故生. 入死, 謂情欲入於胸臆, 精勞神惑, 故死.

삶에 이르는 길이 각각 열셋이요, 죽음에 이르는 길이 열셋이며,

生之徒十有三, 死之徒十有三,

삶과 죽음을 택하는 길이 각각 열셋이라 말한 것은 구규(九竅: 눈, 코, 귀, 입, 항문, 요도)와 사관(四關: 양손의 합곡혈과 양발의 태충혈)을 일

컫습니다. 그 삶이라는 것은 눈으로는 망령되게 보지 않고, 귀로는 망령되게 듣지 않으며, 코로는 망령되게 냄새 맡지 않고, 입으로는 망령되게 말하지 않으며, 혀로는 망령되게 맛보지 않고, 손으로는 망령되게 붙잡지 않으며, 발로는 망령되게 다니지 않고, 정을 망령되게 베풀지 않는다는 겁니다. 그 죽음이라는 것은 이와 반대되는 것이죠.

言生死之類各有十三, 謂九竅四關也. 其生也, 目不妄視, 耳不妄聽, 鼻不妄嗅, 口不妄言, [舌不妄]味, 手不妄持, 足不妄行, 精不妄施. 其死也反是.

사람이 살면서 죽음의 자리로 가는 길도 열셋입니다.

人之生, 動之死地十有三.

사람이 삶을 바라면서도 그 움직임을 반대로 하여 죽음의 자리로 가는 길도 열셋입니다.

人之求生, 動作反之十三死[地]也.

무엇 때문입니까?

夫何故?

무엇 때문에 죽음의 자리로 가는지를 묻는 겁니다.

問何故動之死地也.

모두 삶에 너무 집착하기 때문입니다.

以其求生之厚.

사람이 죽음의 자리로 가는 이유는 삶에 너무 집착하다 보니 도를 어기고 하늘의 이치를 거슬러 망령되게 행동하여 삶의 기틀을 잃어버렸기 때문임을 말하는 겁니다.

[言人]所以動之死地者, 以其求生活之事太厚, 違道忤天, 妄行失紀.

듣건대 섭생을 잘하는 자는,

蓋聞善攝生者,

섭(攝)은 기른다는 뜻입니다.

攝, 養也.

땅 위를 다녀도 코뿔소나 호랑이를 만나지 않으며,

陸行不遇兕虎,

자연스럽게 멀리 피하니, 해로움도 범하지 못합니다.

自然遠離, 害不干也.

전쟁터에서도 병장기의 해를 입지 않고,

入軍不披甲兵,

전쟁터에서 사람을 죽이는 것을 좋아하지 않습니다.

不好戰以殺人.

코뿔소가 그 뿔로 받을 곳이 없고, 호랑이가 그 발톱으로 할퀼 곳이 없으며, 병장기의 칼날이 파고들 곳이 없어집니다.

兕無[所]投其角, 虎無所措[其]爪, 兵無所容其刃.

양생을 잘하는 사람은 코뿔소나 호랑이가 상해를 입힐 곳이 없고, 병장기의 칼날이 가해질 곳이 없습니다.

養生之人, 兕虎無由傷, 兵刃無從加也.

무엇 때문입니까?

夫何故?

코뿔소와 호랑이, 병장기가 무엇 때문에 해치지 못한지를 묻고 있습니다.

問兕虎兵甲何故不害之.

죽음의 자리로 들어가지 않기 때문입니다.

以其無死地.

위에서 말한 열셋은 죽음의 자리를 침범하지 않기 때문입니다. 또한 신명이 그를 보호해 주니, 이러한 것들이 감히 해치지 못함을 말한 겁니다.

以其不犯[上]十三之死地也. 言神明營護之, 此物不敢害.

제51장 모든 것을 길러주는 덕

양덕(養德)

도는 모든 것을 낳고,

道生之,

도는 만물을 낳습니다.

道生萬物.

덕은 모든 것을 기르며,

德畜之,

덕은 하나(一)를 의미합니다. 하나(一)는 기를 널리 베푸는 것을 주관하며 그것들을 기릅니다.

德, 一也. 一主布氣而蓄養[之].

만물은 형체를 갖게 되고,

物形之,

하나(一)는 만물을 위해 형상을 설정합니다.

一爲萬物設形像也.

기세에 의해 모든 것을 완성합니다.

勢成之.

하나(一)는 만물을 위해 차고 더운 기세로써 모든 것을 완성합니다.

一爲萬物作寒暑之勢以成之.

이 때문에 만물은 도를 존중하고 덕을 귀중하게 여기지 않을 수가 없습니다.

是以萬物莫不尊道而貴德.

도와 덕이 하는 것이니, 만물은 다하지 않음이 없고 놀라 움직이며 존중하고 경애합니다.

道德所爲, [萬物]無不盡驚動而尊敬之.

도를 존중하고 덕을 귀중하게 여기기에 명령을 내리지 않아도 항상 저절로 그렇게 되는 겁니다.

道之尊, 德之貴, 夫莫之命而常自然.

도와 하나(一)가 만물에게 명령하거나 부르지 않아도 항상 저절로 그렇게 그림자나 메아리처럼 반응하는 겁니다.

道一不命召萬物, 而常自然應之如影響.

그러므로 도는 모든 것을 낳고, 덕은 모든 것을 길러서 장성하게 키우며, 성숙하게 하고, 길러서 덮어줍니다.

故道生之, 德畜之, 長之育之, 成之孰之, 養之覆之.

도는 만물에 있어서 단지 낳을 뿐만 아니라 이어서 다시 장성하게 키우고 성숙시키며 덮고 길러서 그 성과 명을 완전하게 해줍니다. 임금이 나라를 다스리고 몸을 닦는 데 있어서도 또한 이와 같이 해야 합니다.

道之於萬物, 非但生而已, 乃復長養, 成孰, 覆育, 全其性命. 人君治國治身, 亦當如是也.

도는 낳았으나 소유하려 하지 않고,

生而不有,

도는 만물을 낳았으면서도, 자신의 이익을 위해 소유하려 들지
않습니다.

道生萬物, 不有所取以爲利也.

베풀어주면서도 바라지 않으며,

爲而不恃,

도는 베풀어주면서도 그 보답을 바라지도 않습니다.

道所施爲, 不恃望其報也.

길러주면서도 지배하려 하지 않고,

長而不宰,

도는 만물을 키워 길러주면서도 자신의 이익을 위해 지배하거나
나누려 하지도 않습니다.

道長養萬物, 不宰割以爲利也.

이를 일러 현묘한 덕인 현덕이라 합니다.

是謂玄德.

도가 행하는 은혜와 덕은 현묘하고 아득하여 눈으로는 볼 수가
없습니다.

道之所行恩德, 玄闇不可得見.

제52장 　　근원으로 돌아감

귀원(歸元)

천하 세상에는 시작이 있는데, 바로 천하 세상의 어머니입니다.

天下有始, 以爲天下母.

시(始)는 도를 뜻합니다. 도는 천하 만물의 어머니입니다.

始, 道也. 道爲天下萬物之母.

이미 그 어머니를 알면 다시 그 자식을 알 수 있으며,

旣知其母, 復知其子;

자(子)는 하나(一)를 뜻합니다. 이미 도를 알았다면 다시 하나(一)
를 알아야 합니다.

子, 一也. 旣知道已, 當復知一也.

그 자식을 알고서 다시 그 어머니를 지키면,

旣知其子, 復守其母,

이미 하나(一)를 알았다면 다시 도를 지켜 인위적으로 하는 일이
없는 무위로 돌아가야 합니다.

已知一, 當復守道反無爲也.

죽을 때까지 위태롭지 않습니다.

沒身不殆.

위태롭지 않다는 겁니다.

不危殆也.

자신의 눈을 감고서,

塞其兌,

태(兌)는 눈을 뜻합니다. 눈으로 (하여금) 망령되게 보지 않도록
해야 합니다.

兌, 目也. [使]目不妄視.

자신의 입을 닫으면,

閉其門,

문(門)은 입을 뜻합니다. 입으로 하여금 망령되게 말하지 않도록
해야 합니다.

門, 口也. 使口不妄言.

죽을 때까지 근심하는 일이 없을 겁니다.

終身不勤.

사람이 눈을 감고서 망령되게 보지 않고, 입을 닫아 망령되게 말
하지 않으면 생명이 다하는 날까지 근심과 괴로움이 없을 겁니다.

人當塞目不妄視, 閉口不妄言, 則終生不勤苦.

자신의 눈을 뜨고서,

開其兌,

눈을 뜨면 오욕칠정을 보게 됩니다.

開目視情欲也.

자신의 일을 증가시키면,

濟其事,

제(濟)는 증가시킨다는 뜻입니다. 오욕칠정의 일들이 더해질 뿐입니다.

濟, 益也. 益情欲之事.

죽을 때까지 구제받지 못할 겁니다.

終身不救.

재화와 재난만 생길 겁니다.

禍亂成也.

작은 것을 보는 것을 밝음이라 하며,

見小曰明,

싹이 아직 트지 않고, 재화와 재난이 아직 보이지 않을 만큼 작을 때 밝게 볼 수 있는 것을 밝음이라 합니다.

萌芽未動, 禍亂未見爲小, 昭然獨見爲明.

부드러움을 지키면 날로 강해집니다.

守柔日强.

부드럽고 나긋나긋함을 지키면 날로 강해집니다.

守柔弱, 日以强大也.

자신의 눈빛을 활용하여,

用其光,

자신의 눈빛을 밖으로 활용하여 세상의 이로움과 해로움을 바라 봅니다.

用其目光於外, 視時世之利害.

다시 자신의 내면에 있는 밝음으로 돌아가야 합니다.

復歸其明.

다시 그 빛을 되돌려 내면을 밝게 하여, 정과 신이 누설되지 않도 록 해야 합니다.

復當反其光明於內, 無使精神泄也.

이렇게 하면 몸을 망치는 일이 없을 것이며,

無遺身殃,

내면을 바라보아 오장신이 항상 존재케 하면 누설되는 일이 없 어집니다.

內視存神, 不爲漏失.

이것을 일러 영원을 익히는 습상이라 합니다.

是謂習常.

사람이 이를 행할 수 있다면, 이를 일컬어 영원한 도를 닦아 익힌 다고 합니다.

人能行此, 是謂習修常道.

제53장 위정자의 악한 증거를 더함

익증(益證)

나에게 크고 그러한 앎이 있다면, 큰 도를 행할 겁니다.

使我介然有知, 行於大道.

개(介)는 크다는 뜻입니다. 노자는 당시의 왕이 큰 도를 행하지 않았기 때문에 안타까워서 이러한 말을 한 겁니다. 나에게 정사에 대해 크고 그러한 앎이 있었다면, 나는 큰 도를 행하고 몸소 인위적으로 하는 일이 없는 무위로 교화를 행할 겁니다.

介, 大也. 老子疾時王不行大道, 故設此言. 使我介然有知於政事, 我則行於大道, 躬[行]無爲之化.

오직 거짓된 베풂을 두려워할 뿐입니다.

唯施是畏.

유(唯)는 오직이라는 뜻입니다. 오직 거짓되게 베풀어지는 일이 있어 도의 뜻을 잃어버릴까 두려워하는 겁니다. 선한 일에 상을 주려고 하면 거짓된 선이 생겨날까 두렵고, 충성을 믿으려 하면 거짓된 충성이 일어날까 두려운 겁니다.

唯, 獨也. 獨畏有所施爲, [恐]失道意. 欲賞善恐僞善生, 欲信忠恐詐忠起.

큰 도는 지극히 평탄하지만, 백성들은 바르지 않은 곁길만을 좋아합니다.

大道甚夷, 而民好徑.

이(夷)는 평탄하고 쉽다는 뜻이며, 경(徑)은 삿되고 바르지 않음을 의미합니다. 큰 도는 지극히 평탄하고 쉽지만, 백성들은 삿된 길로 가는 것을 좋아합니다.

夷, 平易也. 徑, 邪不平正也. 大道甚平易, 而民好從邪徑也.

조정은 잘 정돈되어 있지만,

朝甚除,

누각과 정자를 높이고, 궁궐이나 건물들은 잘 정돈되어 있습니다.

高台榭, 宮室修.

밭에는 잡초가 무성하고,

田甚蕪,

농사가 피폐하니 밭을 갈지도 않습니다.

農事廢, 不耕治.

창고는 텅 비어 있지만,

倉甚虛,

오곡(쌀, 보리, 콩, 조, 기장)이 상하고 해를 입어 나라에는 쌓아 놓을 것이 없습니다.

五穀傷害, 國無儲也.

위정자들은 화려한 비단옷을 입고,

服文綵,

위정자들은 꾸밈과 위선을 좋아하고, 화려한 겉치레를 귀하게
여깁니다.

好飾僞, 貴外華.

날카로운 칼을 차고서,

帶利劍,

굳세고 강한 것을 숭상하며, 무력을 쓰고 또한 사치스럽습니다.

尚剛强, 武且奢.

질리도록 마시고 먹어대며,

厭飮食,

다분히 즐기고 욕심 부리며, 만족할 줄을 모릅니다.

多嗜欲, 無足時.

재화는 쓰고도 남아도니, 이를 일러 훔친 것으로 과시한다고 하
는 겁니다.

財貨有餘, 是謂盜誇.

백성들은 부족한데도 임금은 여유롭다는 것은, 빼앗고 훔친 것
으로 화려한 비단옷을 지어입고 돌아다니며 백성들에게 과시하는
겁니다. 그래서 몸을 망치고 가정이 파탄 나는 것을 알지 못하니,
친인척들마저 그러한 것을 따라하게 됩니다.

百姓[不足]而君有餘者, 是由劫盜以爲服飾, 持行誇人, 不知身死家破, 親戚並隨[之]也.

훔친 것으로 과시하는 것이니, 도가 아니랍니다!

[盜誇], 非道[也]哉!

임금이 행하는 것이 이와 같으니, 이는 도가 아닙니다. 다시 야재
(也哉)라고 한 것은 마음 깊이 탄식하는 말입니다.

人君所行如是, 此非道也. 復言也哉者, 痛傷之辭.

제54장　　도 닦음의 결과 관찰

수관(修觀)

도로써 잘 세운 사람은 뽑히지 않고,

善建者不拔,

건(建)은 세운다는 뜻입니다. 도로써 몸을 세우고 나라를 세우는
것을 잘하는 사람은 끌어당겨 뽑아낼 수 없습니다.

建, 立也. 善以道立身立國者, 不可得引而拔[之].

도로써 잘 끌어안은 사람은 떨어져 나가지 않으며,

善抱者不脫,

도로써 정과 신을 잘 끌어안은 사람은 뽑거나 당겨도 끝내 벗겨
떨어뜨릴 수 없습니다.

善以道抱精神者, 終不可拔引解脫.

그 자손들은 대대로 제사 지내는 것을 그치지 않을 겁니다.

子孫祭祀不輟.

철(輟)은 끊어진다는 뜻입니다. 사람됨을 위해 자손들이 이와 같이 도를 닦을 수 있다면 장생불사는 물론 세세손손이 선조와 종묘에 제사 지내는 일이 끊어지는 때가 없을 겁니다.

[輟, 絶也]. 爲人子孫能修道如是, [則]長生不死, 世世以久, 祭祀先祖宗廟, 無[有]絶時.

이 도를 자신에게 닦게 되면 그 덕이 참될 것이고,

修之於身, 其德乃眞;

자신에게 도를 닦아 기를 아끼고 신을 기르면 수명을 연장할 수 있습니다. 그 덕이 이와 같으면 곧 진인이 될 수 있습니다.

修道於身, 愛氣養神, 益壽延年. 其德如是, 乃爲眞人.

가정에서 도를 닦게 되면 그 덕이 여유로울 것이며,

修之於家, 其德乃餘;

가정에서 도를 닦게 되면 부모는 자애롭고 자식은 효성스러우며, 형은 우애롭고 아우는 따르고, 남편은 믿음직스러우며 아내는 정숙해집니다. 그 덕이 이와 같으면 곧 넉넉해지고 경사스러운 일이 다음 세대의 자손들에게까지 미치게 됩니다.

修道於家, 父慈子孝, 兄友弟順, 夫信妻貞. 其德如是, 乃有餘慶及於來世子孫.

마을에서 도를 닦게 되면 그 덕이 오래가고,

修之於鄕, 其德乃長;

마을에서 도를 닦게 되면 노인을 존중하고 공경하며, 아이들을 사랑으로 기르고, 어리석고 비천한 사람들을 가르치고 일깨우게 됩니다. 그 덕이 이와 같으면 덮어줌이 미치지 않은 곳이 없게 됩니다.

修道於鄕, 尊敬長老, 愛養幼少, 敎誨愚鄙. 其德如是, 乃無不覆及也.

나라에서 도를 닦게 되면 그 덕이 풍요로워지며,

修之於國, 其德乃豐;

나라에서 도를 닦게 되면 임금은 신임을 얻고, 신하는 충성스러워져 인과 의가 저절로 생겨나고, 예와 악이 저절로 넘쳐나며, 정치는 화평해져 사사로움이 없게 됩니다. 그 덕이 이와 같으면 풍요롭고 후덕하게 된답니다.

修道於國, 則君信臣忠, 仁義自生, 禮樂自興, 政平無私. 其德如是, 乃爲豐厚也.

천하 세상에서 도를 닦게 되면 그 덕이 널리 퍼지게 됩니다.

修之於天下, 其德乃普.

천하에서 임금이 도를 닦게 되면 말하지 않아도 교화되고, 가르치지 않아도 다스려지며, 밑의 백성들도 임금에 호응하니 신뢰감이 메아리처럼 울려 퍼지게 됩니다. 그 덕이 이와 같으면 널리널리 퍼지게 됩니다.

人主修道於天下, 不言而化, 不教而治, 下之應上, 信如影響. 其德
如是, 乃爲普博.

그러므로 자신으로써 자신을 보고,

故以身觀身,

도를 닦는 자신으로써 도를 닦지 않는 자신을 살펴보면 누가 망
하고 누가 존재하겠습니까.

以修道之身, 觀不修道之身, 孰亡孰存也.

가정으로써 가정을 보며,

以家觀家,

도를 닦는 집안으로써 도를 닦지 않는 집안을 보십시오.

以修道之家, 觀不修道之家.

마을로써 마을을 보고,

以鄉觀鄉,

도를 닦는 마을로써 도를 닦지 않는 마을을 보십시오.

以修道之鄉, 觀不修道之鄉也.

나라로써 나라를 보며,

以國觀國,

도를 닦는 나라로써 도를 닦지 않는 나라를 보십시오.

以修道之國, 觀不修道之國也.

천하로써 천하를 보십시오.

以天下觀天下.

도를 닦는 군주로써 도를 닦지 않는 군주를 보십시오.

以修道之主, 觀不修道之主也.

**내가 어떻게 천하가 그러함을 알겠습니까? 이것들을 통해서입
니다.**

[吾]何以知天下之然哉? 以此.

노자가 말하기를 "내가 어떻게 천하에 도를 닦는 자는 창성하고
도를 등진 자는 망한다는 것을 알았겠습니까? 이 다섯 가지 일을
보고서 알아낸 겁니다"라고 하였습니다.

老子言, 吾何知天下修道者昌, 背道者亡? 以此五事觀而知之也.

제55장　　현묘한 징표

현부(玄符)

덕을 두터이 품은 사람은,

含德之厚,

도와 덕을 두터이 품은 사람을 말한 겁니다.

謂含懷道德之厚[者]也.

갓난아기와 같습니다.

比於赤子.

신명은 덕을 품은 사람을 도우니, 마치 부모가 갓난아기에게 하는 것과 같습니다.

神明保佑含德之人, 若父母之於赤子也.

그러니 독충도 쏘지 않고,

毒蟲不螫,

벌이나 전갈, 뱀이나 살모사도 쏘지 않습니다.

蜂蠆蛇虺不螫.

맹수도 덤비지 않고 날짐승도 잡아채지 못합니다.

猛獸不據, 攫鳥不搏.

갓난아이는 동물을 해치지 않으니, 동물 또한 아이를 해치지 않습니다. 그러므로 태평한 세상에서 사람은 귀천이 없이 모두 어진 마음을 갖고, 날카로운 침을 갖은 동물도 그 본성으로 되돌아가니, 독을 지닌 벌레들도 사람을 상하게 하지 않습니다.

赤子不害於物, 物亦不害之. 故太平之世, 人無貴賤, [皆有]仁心, 有刺之物. 還返其本, 有毒之蟲, 不傷於人.

갓난아이의 뼈는 약하고 근육은 부드러우나 손아귀로 잡는 힘은 단단합니다.

骨弱筋柔而握固.

갓난아이의 근육과 뼈는 부드럽고 약하지만 물건을 움켜쥐는 힘이 아주 단단한 것은, 그 뜻에 전념할 뿐 마음을 흩트리지 않기 때문입니다.

赤子筋骨柔弱而持物堅固, 以其意[專而]心不移也.

아직 남녀의 교합을 알지 못하지만 음경이 발기되는 것은, 정기가 지극하기 때문입니다.

未知牝牡之合而峻作, 精之至也.

갓난아이는 아직 남녀의 교합을 알지 못하지만 음경이 발기되는 것은, 정과 기가 충만하게 돌기 때문입니다.

赤子未知男女會合而陰作怒者, 由精氣多之所致也.

종일토록 울어도 목이 쉬지 않는 것은 조화의 지극함입니다.

終日號而不啞, 和之至也.

갓난아기가 아침부터 저녁까지 울어도 목소리가 변하지 않는 것은, 조화의 기가 충만하게 이르기 때문입니다.

赤子從朝至暮啼號聲不變易者, 和氣多之所至也.

조화를 아는 것을 영원함이라 하며,

知和曰常,

사람들이 조화로운 기의 부드럽고 나긋나긋함이 사람에게 이롭다는 것을 알 수 있다면, 도의 영원함을 알게 되는 겁니다.

人能知和氣之柔弱有益於人者, 則爲知道之常也.

영원함을 알면 날로 밝아지나,

知常日明,

사람들이 도의 영원한 운행을 알 수 있다면 날로 현묘함에 밝게
통달하게 됩니다.

人能知道之常行, 則日以明達於玄妙也.

삶을 억지로 늘리면 날로 욕망이 자라나며,

益生日祥,

상(祥)은 자라난다는 뜻입니다. 삶을 억지로 늘리면 욕망이 저절
로 생겨나 날로 자라나 커짐을 말한 겁니다.

祥, 長也. 言益生欲自生, 日以長大.

욕심으로 기를 부리면 날로 강포해집니다.

心使氣日强.

마음을 하나(一)에 집중하여 조화롭고 부드럽게 하면 신과 기가
몸 안에 가득 차니, 그러므로 몸이 부드러워지는 겁니다. 그러나
도리어 망령되이 행동하게 되면 조화로운 기가 몸 안에서 떠나버
리니, 그러므로 몸이 날로 굳세고 강포해지는 겁니다.

心當專一和柔而神氣實內, 故形柔. 而反使妄有所爲, [則]和氣去
於中, 故形體日以剛强也.

만물은 장성해지면 노쇠해지고,

物壯則老,

만물의 장성함이 극에 달하면 메마르고 노쇠해집니다.

萬物壯極則枯老也.

이를 일러 도가 아니라고 하니,

謂之不道,

메마르고 노쇠해지면 도를 얻을 수 없습니다.

枯老則不得道矣.

도가 아닌 것은 일찍이 끝나버립니다.

不道早已.

도를 얻지 못한 자는 제명보다 일찍 죽습니다.

不得道者早死.

제56장　　현묘한 덕
현덕(玄德)

아는 사람은 말하지 않고,

知者不言,

아는 사람은 행동을 귀히 여길 뿐, 말하는 것을 귀하게 여기지 않습니다.

知者貴行不貴言也.

말하는 사람은 알지 못한 겁니다.

言者不知.

네 마리 말이 끄는 아무리 빠른 마차도 사람의 혀 놀림에는 미치지 못하니, 말이 많으면 근심걱정도 많아지게 됩니다.

駟不及舌, 多言多患.

자신의 눈을 감고 입을 다물며,

塞其兌, 閉其門,

감고 다문다는 것은 욕망의 근원을 끊고자 하는 겁니다.

塞閉之者, 欲絶其源.

자신의 날카로움을 무디게 하고,

挫其銳,

오욕칠정으로 인해 신경을 곤두세우려는 것이 있으면, 마땅히 도의 무위를 생각하여 그것을 무디게 하여 멈추게 해야 합니다.

情欲有所銳爲, 當念道無爲以挫止之.

자신의 얽힌 한을 풀어주며,

解其紛,

분(紛)은 한 맺힘이 쉴 사이가 없다는 뜻입니다. 당연히 도의 고요함을 생각함으로써 맺힌 한을 풀어내야 합니다.

紛, 結恨不休也. 當念道恬怕以解釋之.

자신의 밝음을 부드럽게 하고,

和其光,

비록 홀로 밝음을 알아도 그것을 부드럽게 누그러뜨려 모르는
듯해야지, 잘난 체하며 사람들을 혼란스럽게 해서는 안 됩니다.

雖有獨見之明, 當和之使闇昧, 不使曜亂[人也].

세속 사람들과 함께하니,

同其塵,

자신을 특별하게 여기지 말아야 합니다.

不當自別殊也.

이를 일러 하늘과 함께하는 '현동'이라 합니다.

是謂玄同.

현(玄)은 하늘을 뜻합니다. 사람이 위에서 열거한 일을 행할 수
있으면, 이를 일러 하늘과 더불어 하고 도와 함께한다고 합니다.

玄, 天也. 人能行此上事, 是謂與天同道也.

그러므로 가까이 할 수도 없고,

故不可得而親,

영광과 명예를 즐거움으로 여기지 않고 홀로 서서 슬퍼하는 겁
니다.

不以榮譽爲樂, 獨立爲哀.

또한 멀리 할 수도 없으며,

亦不可得而踈;

뜻이 고요하고 욕심이 없으니, 사람들에게 원망 살 일도 없습니다.

志靜無欲, 與人無怨.

이롭게 할 수도 없고,

不可得而利,

몸은 부유함과 존귀함도 바라지 않으며, 입은 온갖 맛있는 것을 원하지도 않습니다.

身不欲富貴, 口不欲五味.

또한 해롭게 할 수도 없으며,

亦不可得而害;

이익을 다투어 탐내지도 않고, 호기로움을 다투고자 용맹스럽지도 않습니다.

不與貪爭利, 不與勇爭氣.

귀하게 할 수도 없고,

不可得而貴,

어지러운 세상의 주인이 되고자 하지도 않으며, 암울한 세상에서 임금의 자리에 오르고자 하지도 않습니다.

不爲亂世主, 不處暗君位.

또한 비천하게 할 수도 없으며,

亦不可得而賤,

권좌에 오르지 않기 때문에 교만하게 보일 수도 있으며, 뜻을 잃지 않았기 때문에 비굴하게 보일 수도 있습니다.

不以乘權故驕, 不以失志故屈.

그러므로 천하 세상이 이를 귀하게 여기는 겁니다.

故爲天下貴.

그 덕이 이와 같으니, 천자도 신하로 삼을 수 없고 제후도 굴복시킬 수 없으며, 세상의 흥망과 함께하면서도 몸으로 받아들여 해로움을 피하기 때문에 천하 세상이 귀하게 여기는 겁니다.

其德如此, 天子不得臣, 諸侯不得屈, 與世沉浮, 容身避害, 故天下貴也.

제57장　　순박한 풍속
순풍(淳風)

지극히 바름으로써 나라를 다스려야 하고,

以正治國,

이(以)는 지극함이라는 뜻입니다. 하늘은 올바른 몸을 가진 사람으로 하여금 나라를 맡기려 합니다.

以, 至也. 天使正身之人, 使至有國也.

속임수와 같은 임기응변으로 군사를 활용하는데,

以奇用兵,

기(奇)는 속인다는 뜻입니다. 하늘은 속임수를 쓰는 거짓된 사람으로 하여금 군사를 부리게 합니다.

奇, 詐也. 天使詐僞之人, 使用兵也.

자연스럽게 천하를 얻어야만 오래갈 수 있습니다.

以無事取天下.

인위적으로 일을 만들거나 하지 않는 사람만이 천하를 얻어 주인이 되게 합니다.

以無事無爲之人, 使取天下爲之主.

내가 어떻게 그리됨을 알았겠습니까? 다음과 같은 사실 때문입니다.

吾何以知其然哉? 以此.

차(此)는 지금이라는 뜻입니다. 노자가 말하기를 "내가 어떻게 하늘의 뜻이 그리됨을 알았겠습니까? 현실에 나타난 것으로 그리됨을 아는 것입니다"라고 하였습니다.

此, 今也. 老子言, 我何以知天意然哉, 以今日所見知[之也].

천하의 임금이 금지하고 가리는 것이 많아질수록 백성들은 더욱 가난해집니다.

天下多忌諱而民彌貧.

천하(天下)는 임금을 말합니다. 기위(忌諱)는 못하도록 막고 금지한다는 뜻입니다. 법령이 번거로우면 간사함이 생기고, 금지하는 것이 많으면 아래 백성들은 속고 속이며 서로가 서로를 해치기 때문에 가난해지는 겁니다.

天下謂人主也. 忌諱者防禁也. 令煩則姦生, 禁多則下詐, 相殆故貧.

백성들에게 자신의 잇속만을 챙기는 권력이 많아질수록 국가는 더욱 혼란스러워집니다.

民多利器, 國家滋昏.

이기(利器)는 권력을 의미합니다. 백성들에게 권력이 많아지면 지켜보는 자는 눈에 현혹되고, 듣는 자는 귀에 미혹되어 위아래가 가까워질 수 없기 때문에 나라가 혼란에 빠지는 겁니다.

利器者, 權也. 民多權則視者眩於目, 聽者惑於耳, 上下不親, 故國家昏亂.

임금과 제후에게 기술과 기교가 많아질수록 괴상한 물건이 더욱 기승을 부립니다.

人多技巧, 奇物滋起.

인(人)은 임금과 사방백리의 영토를 관할하는 제후를 말합니다. 기교가 많다는 것은 조각이나 그림으로 궁궐이나 관아를 꾸미고, 온갖 새기고 다듬은 장식품으로 의복을 화려하게 꾸밈을 말합니다. 괴상한 물건이 더욱 기승을 부리면 아래 백성들도 임금이나 제후처럼 변화되어 금이나 옥으로 치장하고 화려하게 수놓은 의복을

걸침이 날로 더욱 심해진다는 것을 말하고 있습니다.

人謂人君百里諸侯也. 多技巧, 謂刻畫宮觀, 雕琢章服, 奇物滋起, 下則化上, 飾金鏤玉, 文繡彩色日以滋甚.

진귀한 물건이 더욱 많아질수록 도적들도 그만큼 많아집니다.

法物滋彰, 盜賊多有.

법물(法物)은 진귀하고 좋은 물건을 의미합니다. 진귀하고 좋은 물건이 더욱 생겨나 드러나면 드러날수록 농사일은 피폐해져 춥고 배고픔이 아울러 이르게 되니, 도적들이 많아지는 겁니다.

法物, 好物也. 珍好之物滋生彰著, 則農事廢, 飢寒並至, 而盜賊多有也.

그러므로 성인이 말씀하시기를,

故聖人云;

아래에 열거한 것을 말하는 겁니다.

謂下事也.

내가 인위적으로 하는 일이 없이 자연스럽게 하므로 백성들이 저절로 변화되고,

我無爲而民自化,

성인이 말씀하시기를 "내가 도를 닦아 하늘의 뜻을 따라 고치는 것이 없으면 백성들은 스스로 변화되고 이루어진다"고 하였습니다.

聖人言: 我修道承天, 無所改作, 而民自化成也.

내가 고요함을 좋아하므로 백성들이 저절로 바르게 되며,

我好靜而民自正,

성인이 말씀하시기를 "내가 고요함을 좋아하여 말하거나 가르치지 않아도 백성들 모두가 스스로 알아서 충성스러워지고 바르게 된다"고 하였습니다.

聖人言: 我好靜, 不言不教, 民皆自忠正也.

내가 일을 꾸미지 않으므로 백성들이 저절로 부유해지고,

我無事而民自富,

내가 부역을 시키려고 부르는 일이 없으니, 백성들은 자신의 일만을 편안히 하기 때문에 모두가 저절로 부유하게 되는 겁니다.

我無徭役徵召之事, 民安其業故皆自富也.

내가 욕심을 부리지 않으므로 백성들이 저절로 소박해집니다.

我無欲而民自朴.

내가 항상 욕심 부리지 않고 화려하게 꾸미지도 않으며 의복도 간소하게 입으니, 백성들도 나를 따라 바탕마저 소박해지는 겁니다.

我常無欲, 去華文, 微服飾, 民則隨我爲質朴也.

내가 오욕칠정을 내지 않으므로 백성들이 저절로 깨끗해집니다.

我無情而民自淸.

성인이 말씀하시기를 "내가 도를 닦아 참됨을 지키며 오욕칠정을 끊어버리니, 백성들도 저절로 나를 따라 깨끗해지는 것이다"라

고 하였습니다.

聖人言: 我修道守眞, 絶去六情, 民自隨我而淸也.

제58장　　자연스럽게 교화됨
순화(順化)

정치가 어둡고 맹맹하면,
其政悶悶,
정치와 교육이 관대하면 맹맹하고 어두워 마치 밝지 못한 것과
도 같습니다.
其政敎寬大, 悶悶昧昧, 似若不明也.

백성들은 순박해지고,
其民醇醇;
정치와 교육이 관대하기 때문에 백성들은 순박하고 부유하여 서
로 가깝고 화목해집니다.
政敎寬大, 故民醇醇富厚, 相親睦也.

정치가 너무 조급해지면,
其政察察,
정치와 교육이 조급해지면 말하는 즉시 입에서 결정되고 듣는
즉시 귀에서 결정됩니다.

其政教急疾, 言決於口, 聽決於耳也.

백성들은 모자라고 못되게 됩니다.

其民缺缺.

정치와 교육이 조급해지면 백성들이 편히 살 수 없기 때문에 모자라고 못됨이 날로 거칠고 야박해지는 겁니다.

政教急[疾], 民不聊生, 故缺缺日以疎薄.

화라고 하는 것은 복이 나오는 원인이 되기도 하며,

禍兮福所倚,

의(倚)는 원인을 뜻합니다. 복은 화로 인해 생기는 것으로 사람들이 화를 당하여도 허물을 뉘우치고 자신을 책망하며 도를 닦고 선을 행하면 화가 떠나고 복이 오게 됩니다.

倚, 因也. 夫福因禍而生, 人遭禍而能悔過責己, 修道行善, 則禍去福來.

복이라고 하는 것은 화가 숨어드는 곳이기도 합니다.

福兮禍所伏.

화는 복 가운데에 숨어들기도 하니, 사람들이 복을 얻어 교만하고 방자해지면 복은 가고 화가 찾아들게 됩니다.

禍伏匿於福中, 人得福而爲驕恣, 則福去禍來.

누가 그 끝을 알겠습니까?

孰知其極?

화와 복은 번갈아가며 서로를 낳게 되니, 누가 그것이 다하고 끝나는 때를 알겠습니까?

禍福更相生, 誰能知其窮極時.

군주의 올바름이 사라지면,

其無正,

무(無)는 부정의 뜻입니다. 임금이 자신의 몸을 바르게 하지 못하면 나라도 사라짐을 말한 겁니다.

無, 不也. 謂人君不正其身, 其無國也.

올바른 백성들도 다시 속이게 되고,

正復爲奇,

기(奇)는 속인다는 뜻입니다. 임금이 올바르지 못하면 아래 백성들이 비록 바르다 해도 다시 윗사람을 따라 속이게 됩니다.

奇, 詐也. 人君不正, 下雖正, 復化上爲詐也.

선한 백성들도 다시 요사스럽게 됩니다.

善復爲訞.

선한 사람들이 모두 윗사람들과 같이 요사스럽게 변화되어 버립니다.

善人皆復化上爲訞祥也.

군주가 미혹된 지 참으로 오래되었습니다.

人之迷, 其日固久.

임금이 미혹되어 올바름을 잃어버린 지가 참으로 오래되었음을 말합 겁니다.

言人君迷惑失正以來, 其日已固久.

이 때문에 성인은 반듯하면서도 편을 가르지 않고,

是以聖人方而不割,

성인이 반듯하게 바름을 행한다는 것은 아래 백성들을 인솔하려는 것이지, 사람들을 이편저편으로 나누려 하지 않는다는 겁니다.

聖人行方正者, 欲以率下, 不以割截人也.

청렴하면서도 해로움을 끼치지 않으며,

廉而不害,

해(害)는 상처 준다는 뜻입니다. 성인은 청렴함을 행하여 백성들을 교화하려는 것이지, 사람들에게 해로움이나 상처를 주려는 게 아닙니다. 요즘 사람은 그러하질 못하니, 자신을 바르게 하고자 다른 사람에게 해로움을 끼치는 겁니다.

[害, 傷也]. 聖人[行]廉清, 欲以化民, 不以傷害人也. 今則不然, 正己以害人也.

곧으면서도 방자하게 과시하지 않고,

直而不肆,

사(肆)는 펼쳐 과시한다는 뜻입니다. 성인은 비록 곧지만 자신을 굽혀 다른 사람을 따를 뿐, 자신을 과시하지 않습니다.

肆, 申也. 聖人雖直, 曲己從人, 不自申也.

밝게 빛나면서도 남을 어지럽게 하지 않습니다.

光而不曜.

성인은 비록 홀로 밝음을 깨쳤더라도 우매한 사람처럼 행동하지, 현혹하는 눈부심으로 사람들을 어지럽히진 않습니다.

聖人雖有獨見之明, 當如闇昧, 不以曜亂人也.

제59장　　도를 지킴
수도(守道)

백성을 다스리고,

治人,

임금이 백성을 다스리는 일을 말합니다.

謂人君治理人民.

천도를 활용하는 일에 있어,

事天,

사(事)는 활용한다는 뜻입니다. 하늘의 도리를 활용할 때는 마땅히 사계절에 따라야 합니다.

事, 用也. 當用天道, 順四時.

아끼는 일보다 좋은 것은 없습니다.

莫若嗇.

색(嗇)은 아낀다는 뜻입니다. 나라를 다스리는 자는 마땅히 백성과 재물을 아껴야지 사치하거나 그 일에 태만해서는 안 됩니다. 몸을 닦는 자는 마땅히 정과 기를 아끼고 아껴야지 방종하거나 안일해서는 안 됩니다.

嗇, 愛惜也. 治國者當愛[惜]民財, 不爲奢泰. 治身者當愛[惜]精氣, 不爲放逸.

오직 검약하는 것, 이를 일러 남보다 앞서 하늘의 도를 얻는다고 합니다.

夫唯嗇, 是謂早服.

조(早)는 앞서다는 뜻이며, 복(服)은 얻음을 의미합니다. 오직 백성과 재물을 아끼고 정과 기를 아끼게 되면 남보다 앞서 하늘의 도를 얻을 수 있습니다.

早, 先也. 服, 得也. 夫獨愛[惜]民財, 愛[惜]精氣, 則能先得天道也.

하늘의 도를 앞서 얻는 것을 일러 덕을 많이 쌓는다고 합니다.

早服謂之重積德.

앞서 하늘의 도를 얻는 것, 이를 일러 자신에게 덕을 많이 쌓는다고 합니다.

先得天道, 是謂重積德於己也.

덕을 많이 쌓게 되면 이겨내지 못할 일이 없으며,
重積德則無不剋,

극(剋)은 이겨낸다는 뜻입니다. 자신에게 덕을 많이 쌓게 되면 이겨내지 못할 일이 없게 됩니다.

剋, 勝也. 重積德於己, 則無不勝.

이겨내지 못할 일이 없게 되면 자기 덕의 끝을 알 수 없게 되고,
無不剋則莫知其極,

이겨내지 못할 일이 없게 되면 자기 덕의 끝을 알 수가 없게 됩니다.

無不剋勝, 則莫有知己德之窮極也.

자기 덕의 끝을 알 수 없을 정도가 되면 한 나라를 맡을 수 있습니다.
莫知其極[則]可以有國.

자기 덕의 끝을 알 수 없을 정도가 되면 사직을 맡아 백성들을 복되게 할 수 있습니다.

莫知己德者有極, 則可以有社稷, 爲民致福.

나라의 어머니인 도를 지니면 오래오래 살 수 있습니다.
有國之母, 可以長久.

나라와 몸은 한가지이며, 모(母)는 도를 의미합니다. 사람이 몸 안의 도를 지켜 정과 기를 수고롭게 하지 않고 오장(五臟)의 각 신을 괴롭히지 않으면 오래오래 살 수 있습니다.

國身同也. 母, 道也. 人能保身中之道, 使精氣不勞, 五神不苦, 則可以長久.

이를 일러 뿌리가 깊고 꼭지가 단단하다고 하니,

是謂深根固蔕,

사람은 기(氣)를 뿌리로 삼고 정을 꼭지로 삼아야 하는데, 나무의 뿌리가 깊지 않으면 뽑히게 되고 과실의 꼭지가 단단하지 않으면 떨어지게 되는 것과 같습니다. 이는 자신의 기를 깊숙이 간직하고 정을 단단히 지켜 누설하지 말아야 함을 말한 겁니다.

人能以氣爲根, 以精爲蔕, 如樹根不深則拔, [果]蔕不堅則落. 言當深藏其氣, 固守其精, 使無漏泄.

이게 바로 오래 살고 오래 보는 도입니다.

長生久視之道.

뿌리를 깊게 하고 꼭지를 단단하게 하는 것이 오래 살고 오래 보는 도입니다.

深根固蔕者, 乃長生久視之道.

한자어원풀이

大器晚成(대기만성) 이란 "큰 그릇은 늦게 이루어진다"는 뜻으로, "큰 인물이 되기 위해서는 많은 노력과 시간이 필요함"을 비유적으로 이르는 말입니다. 『도덕경』 제41장의 "아주 크게 네모진 것은 모나지 않고(大方無隅), 큰 그릇은 늦게 이루어지며(大器晚成), 큰 소리는 드물게 소리를 냅니다(大音希聲)"고 한 대목에서 유래했습니다. 이에 대해 하상공은 "아주 방정한 사람은 굽거나 모난 것이 없습니다. 큰 그릇을 가진 사람은 마치 큰 솥이나 종묘의 제기 같아서 갑자기 이루어질 수 있는 것이 아닙니다. 큰 소리는 천둥 번개가 때에 맞게 울리듯이, 비유하자면 기를 아끼고 말을 적게 하는 것과 같습니다"라고 주석하고 있습니다.

큰 大(대) 는 사람이 두 팔다리를 활짝 벌리며 서 있는 모습을 정면에서 바라보아 본뜬 상형글자입니다. 사람의 다른 모습에 비해 최대한 크게 보이는 형체여서 '크다'는 뜻으로 쓰여 왔습니다.

그릇 器(기) 는 네 개의 입 구(口)와 개 견(犬)으로 구성되었습니다. 器(기) 자는 고대의 장례풍속인 순장(殉葬)과 관련이 깊습니다. 특히 지배계급인 왕족이 사망하면 죽은 사람과 가까운 아내와 신하

그리고 첩이나 노예를 시신과 함께 묻는 순장은 고대문명권에서는 전 세계적으로 분포하는 습속이었습니다. 우리나라에서는 신라 지증왕 3년(서기 502년) 3월에 순장법을 금지하는 법령이 반포되기도 하였죠. 그래서 그 대안으로 사람 대신 동물, 특히 동물 중에서도 사람을 가까이서 잘 지켜주는 개를 금은으로 만든 귀중한 보물 및 그릇 등과 함께 무덤 속에 묻었습니다. 따라서 器(기)의 전체적인 의미는 죽은 사람의 시신 곁에 순장한 개(犬)와 귀중한 보물 및 평소 망자가 사용했던 그릇(네 개의 口)을 부장품으로 함께 묻었던 고대인의 장례습속을 표현한 것으로 '그릇', '도구'라는 뜻이 담겨 있습니다.

저물 晩(만) 은 태양을 상형한 해 일(日)과 면할 면(免)으로 이루어졌습니다. 免(면)은 자형상부의 사람 인(人)이 변형된 모양(⺈)과 가운데 산모의 엉덩이를 나타낸 옆으로 누인 '日' 모양 그리고 사람의 발을 뜻하는 儿(인)으로 이루어져 있습니다. 즉 아이가 어머니(⺈)의 엉덩이(넌 日 모양) 밑 다리(儿) 사이로 나오는 모양을 그려내 '해산하다'의 뜻을 부여했습니다. 그러나 산모가 엄청난 산통으로부터 벗어난 상태라는 점에서 '면하다'는 뜻으로 더 쓰이게 되자 이후에 사람들은 산모를 의미하는 女(여) 자를 더해 娩(만) 자를 별도 만들게 되었습니다. 따라서 晩(만)의 전체적인 의미는 산모가 어두운 곳에서 아이 낳는 모습을 그려낸 어두울 명(冥)처럼, 산모가 아이를 낳기(免) 위해 어두운 산실로 들어가듯 태양(日)이 서쪽 하늘 밑으로 들어간다는 데서 '저물다', '해질 무렵'을 뜻하게 되었습니다.

이룰 成(성)은 십간(十干: 甲乙丙丁戊己庚辛壬癸)과 관련이 깊습니다. 십
간은 곡식의 씨앗이 자라나 열매를 맺고 수확되어 창고에 갈무리
되었다가 다시 파종되는 일련의 순서를 나타냅니다. 즉 씨앗이 파
종되면 가장 먼저 뿌리가 내리게 되는데, 甲(갑)의 자형하부가 곧
뿌리를 뜻합니다. 乙(을)은 싹이 터 어느 정도 자라난 모양을, 丙
(병)은 자라나 저마다 꼴의 형태를 갖춘 것을, 丁(정)은 장성하게 자
라난 모양을, 戊(무)는 지나치게 웃자라지 못하도록 전지가위를 이
용해 잘라주어야 할 정도로 성장한 모양을 뜻합니다. 그래서 장성
하게 자라(丁) 전지(戊)해 줄 정도가 되면 식물의 성장이 다 '이루어
진' 것으로 보는 것이죠.

노자도덕경하상공장구
권4

卷
4

믿음직스러운 말은 아름답지 않고,

信言不美,

믿음직스러운 말이란 그 내용과 같은 것이고, 아름답지 않다는 것은 소박하고 질박함을 말합니다.

信[言]者, 如其實也. 不美者, 朴且質也.

선한 사람은 말을 잘하지 않고,

善者不辯,

선하다는 것은 도로써 몸을 닦음을 뜻하고, 말을 잘하지 않는다는 것은 화려하게 꾸며대지 않는다는 뜻입니다.

善者, 以道修身也. [不辯者], 不綵文也.

말을 잘하는 사람은 선하지 못합니다.

辯者不善.

말을 잘한다는 것은 교묘하게 말하는 것을 일컫습니다. 선하지 못하다는 것은 혀로 인해 근심을 만들어냄을 말합니다. 땅에 옥이 묻혀 있으면 그 산이 파헤쳐지고, 물속에 구슬이 있으면 연못이 더럽혀지며, 말을 잘하고 말이 많으면 자기 몸을 망치게 됩니다.

辯者, 謂巧言也. 不善者, 舌致患也. 土有玉, 掘其山; 水有珠, 濁其淵; 辯口多言, 亡其身.

제60장　자기 자리에 거처함

거위(居位)

큰 나라를 다스리는 것은 작은 물고기를 삶는 것과 같습니다.

治大國者若烹小鮮.

선(鮮)은 물고기를 뜻합니다. 작은 물고기를 삶을 때는 내장과 비늘도 제거하지 않고 휘젓지도 않는데, 그것이 문드러져 죽이 될까 두렵기 때문입니다. 나라 다스림이 번거로우면 아래 백성들이 혼란스러워 하고, 몸 다스림이 번거로우면 정이 흩어져 버리게 됩니다.

鮮, 魚[也]. 烹小魚不去腸, 不去鱗, 不敢撓, 恐其糜也. 治國煩則下亂, 治身煩則精散.

도로써 천하를 다스리면 귀신도 신기를 부리지 못합니다.

以道莅天下, 其鬼不神.

도와 덕으로써 제위에 올라 천하를 다스리면 귀신도 감히 정과 신을 드러내어 사람을 범하지 못할 겁니다.

以道德居位治天下, 則鬼不敢見其精神以犯人也.

귀신이 신기를 부리지 못하는 게 아니라, 신기가 있어도 사람을 해칠 수가 없는 겁니다.

非其鬼不神, 其神不傷人.

그 귀신이 정과 신이 없는 게 아니라, 사악한 것은 바른 곳으로 들어가지 못해 무위자연한 사람을 해칠 수가 없는 겁니다.

其鬼非無精神, 邪不入正, 不能傷自然之人.

귀신만 사람을 해치지 않는 게 아니라, 성인도 사람을 해치지 않습니다.

非其神不傷人, 聖人亦不傷[人].

귀신이 사람을 해칠 수 없는 게 아니라, 성인이 제위에 올랐기 때문에 사람을 해치지 못하는 겁니다. 그러므로 귀신이 감히 사람을 범하지 못하는 것이죠.

非鬼神不能傷害人, 以聖人在位不傷害人, 故鬼[神]不敢干之也.

양쪽 모두 서로를 해치지 않으니,

夫兩不相傷,

귀신과 성인이 함께하며 양쪽 모두 서로를 해치지 않습니다.

鬼與聖人俱兩不相傷也.

그러므로 덕이 서로에게 돌아가는 겁니다.

故德交歸焉.

양쪽 모두가 서로를 해치지 않으면 사람은 양지(陽地)에서 다스림을 얻고 귀신은 음지(陰地)에서 다스림을 얻어, 사람은 그 성과 명을 온전하게 하고 귀신은 그 정과 신을 보존할 수 있기 때문에 덕이 서로에게 돌아가는 겁니다.

夫兩不相傷, [則]人得治於陽, 鬼得治於陰, 人得全其性命, 鬼得保其精神, 故德交歸焉.

제61장　겸양의 덕

겸덕(謙德)

큰 나라는 강의 하류와 같아서,

大國者下流,

큰 나라를 다스리는 것은 강이나 바다가 하류에 위치하면서 미세한 것도 역류시키지 않는 것처럼 해야 합니다.

治大國[者], 當如[江海]居下流, 不逆細微.

천하 사람들이 모여드는 곳으로,

天下之交.

큰 나라는 천하의 선비와 백성들이 모여들어 만나는 곳입니다.

大國[者], 天下士民之所交會.

천하의 부드러운 암컷입니다.

天下之牝.

빈(牝)은 음(陰)의 종류를 말합니다. 부드럽고 겸손하여 조화를 이루면서도 자기를 앞세우지 않습니다.

牝者, 陰類也. 柔謙和而不唱也.

암컷은 항상 고요함으로써 수컷을 이기고,

牝常以靜勝牡,

여성이 남성을 굴복시키고 음이 양을 이길 수 있는 이유는, 편안하고 고요하면서 먼저 자신만을 구하려 하지 않기 때문입니다.

女所以能屈男, 陰勝陽, 以[其]安靜, 不先求之也.

고요함으로써 낮은 데로 임합니다.

以靜爲下.

음의 도는 편안하고 고요함으로써 겸손하게 낮은 곳에 자리합니다.

陰道以安靜爲謙下.

그러므로 큰 나라는 작은 나라의 아래로 자신을 낮춤으로써 작

은 나라를 얻고, 작은 나라는 큰 나라의 아래로 자신을 낮춤으로써 큰 나라를 얻게 됩니다.

故大國以下小國, 則取小國; 小國以下大國, 則取大國.

겸손하게 자신을 낮출 수 있으면 항상 존재할 수 있습니다. 이는 나라의 크고 작음에 관계없이 겸손함을 유지하며 사람을 육성할 수 있으면, 허물이나 실수를 없앨 수 있음을 말한 겁니다.

能謙下之, 則常有之. 此言國無大小, 能執謙畜人, 則無過失也.

그러므로 혹은 낮춤으로써 얻기도 하고, 혹은 낮은 곳에 있게 하여 얻기도 합니다.

故或下以取, 或下而取.

낮춘다는 것은 큰 나라가 작은 나라의 아래로 낮추는 것과 작은 나라가 큰 나라에게 낮추는 것을 말하니, 의로움으로써 서로를 얻는 겁니다.

下者謂大國以下小國, 小國以下大國, 更以義相取.

큰 나라는 사람들을 모아서 육성하고자 할 뿐이며,

大國不過欲兼畜人,

큰 나라가 겸손함을 잃지 않으면 작은 나라들과 더불어서 인재를 육성할 수 있습니다.

大國不失下, 則兼幷小國而牧畜之.

작은 나라는 큰 나라에 들어가 섬기고자 할 뿐입니다.

小國不過欲入事人.

들어가 신하나 종이 되는 겁니다.

入爲臣僕.

큰 나라나 작은 나라가 각자 바라는 바를 얻으려면, 큰 나라가
마땅히 낮추어야 합니다.

夫兩者各得其所欲, 大者宜爲下.

큰 나라나 작은 나라가 각자 바라는 바를 얻으려면, 큰 나라가 마
땅히 겸손하게 자신을 낮추어야 할 겁니다.

大國小國各欲得其所, 大國又宜爲謙下.

제62장   도를 실천함
위도(爲道)

도는 만물의 아늑한 창고로,

道者萬物之奧,

오(娛)는 창고라는 뜻입니다. 도는 만물의 창고가 되어 수용하지
않는 것이 없습니다.

娛, 藏也. 道爲萬物之藏, 無所不容也.

선한 사람의 보배이며,

善人之寶,

선한 사람은 도를 몸의 보배로 여기며, 감히 어기지 않습니다.

善人以道爲身寶, 不敢違也.

선하지 않은 사람에게도 보호소가 됩니다.

不善人之所保.

도는 선하지 않은 사람에게도 의지하는 보호소가 됩니다. 환란이나 위급한 일을 만났을 때, 스스로 회개하여 낮출 줄을 아는 것과도 같습니다.

道者, 不善人之[所]保倚也. 遭患逢急, 猶知自悔卑下.

아름다운 말은 시장에서 쓰이고,

美言可以市,

아름다운 말이라는 것은 오직 시장에서 쓰일 뿐입니다. 시장에서 거래를 마치고 나면 서로 의당 좋은 말과 아름다운 말을 하지 않는데, 사려는 사람은 빨리 얻고자 하고 팔려는 사람은 빨리 팔아치우려고 하기 때문입니다.

美言者獨可於市耳. 夫市交易而退, 不相宜善言美語, 求者欲疾得, 賣者欲疾售也.

존귀한 행위는 다른 사람과 구별될 수 있을 뿐입니다.

尊行可以加人.

가(加)는 구별한다는 뜻입니다. 사람이 존귀한 행위를 지니면 평범한 사람과 구별될 수는 있지만, 아직 도를 높이기에는 부족함이 있습니다.

加, 別也. 人有尊貴之行, 可以別異於凡人, 未足以尊道.

사람이 선하지는 않다고 해도 어찌 버리겠습니까.

人之不善, 何棄之有.

사람이 비록 선하지 않다 해도 도로써 교화시켜야 합니다. 삼황 시대 이전에는 버릴 백성이 있지 않았고, 덕으로써 교화함이 순박 하였습니다.

人雖不善, 當以道化之. 蓋三皇之前, 無有棄民, 德化淳也.

그러므로 천자를 옹립하고 삼공(三公: 태사太師, 태부太傅, 태보太保 의 벼슬)을 임명할 때,

故立天子, 置三公,

선하지 못한 사람을 교화시키고자 하는 겁니다.

欲使教化不善之人.

비록 옥을 두 손에 받쳐 들고 사두마차를 앞세운다 할지라도, 앉 아서 이 도로 나아가는 것만 못합니다.

雖有拱璧以先駟馬, 不如坐進此道.

비록 아름다운 옥을 지니고서 사두마차를 앞세워 이른다 해도, 앉아서 이 도로 나아가는 것만 못합니다.

雖有美璧先駟馬而至, 故不如坐進此道.

옛사람이 이 도를 귀히 여긴 까닭이니, 어찌 날마다 구하여 얻지 못하겠습니까?

古之所以貴此道者, 何不日以求得?

옛사람이 이 도를 귀히 여긴 까닭이니, 날이면 날마다 멀리 다니면서 구해 찾을 것이 아니라, 가까운 자신의 몸에서 얻을 수 있는 겁니다.

古之所以貴此道者, 不日日遠行求索, 近得之於身.

죄가 있어도 이로써 면할 수 있으니,

有罪以免耶,

죄가 있다는 것은 어지러운 세상임을 말하는 것이니, 어리석은 임금이 망령되게 형벌과 사형을 자행해도, 도를 닦으면 죽음에서 풀려날 뿐만 아니라 모든 것을 면할 수 있습니다.

有罪謂遭亂世, 闇君妄行刑誅, 修道則可以解死, 免於衆耶也.

그러므로 천하가 귀히 여기는 겁니다.

故爲天下貴.

도와 덕은 아득하고 멀지만 덮어주거나 구제하지 않음이 없으며, 몸을 온전히 하고 나라를 다스림에도 편안하고 고요하면서도 인위적으로 하는 일이 없이 무위(無爲)로 하기 때문에 천하가 귀히 여길 수 있는 겁니다.

道德洞遠, 無不覆濟, 全身治國, 恬然無爲, 故可爲天下貴也.

제63장　근원을 중요시함

은시(恩始)

인위적으로 하는 일이 없는 무위를 실행하고,

爲無爲,

이루어짐을 따르고 까닭을 좇을 뿐 인위적으로 조작하는 것이 없어야 합니다.

因成循故, 無所造作.

일함이 없는 일을 행하며,

事無事,

미리부터 설치하거나 준비하는 등의 번거로움을 없애고 일을 살펴야 합니다.

五設備, 除煩省事也.

맛없는 맛을 음미해야 합니다.

味無味.

깊게 생각하고 멀리까지 고려하여 도의 뜻을 음미해야 합니다.

深思遠慮, 味道意也.

크고자 하면 도리어 작아지고, 많고자 하면 도리어 적어집니다.

大小多少.

그 계율과 법령을 열거한 겁니다. 크고자 하면 도리어 작아지고,

많고자 하면 도리어 적어지는 것은 저절로 그러한 자연의 도입니다.

陳其戒令也. 欲大反小, 欲多反少, 自然之道也.

원한은 덕으로 갚아야 합니다.

報怨以德.

도를 닦고 선을 행하여 아직 생기지도 않은 불행의 끈을 잘라버려야 합니다.

脩道行善, 絶禍於未生也.

어려운 일을 도모하고자 하면 그것이 아직 쉬운 때에 해야 하며,

圖難於其易,

어려운 일을 도모하고자 하면 아직 이루어지지 않은 쉬울 때에 해야 합니다.

欲圖難事, 當於易時, 未及成也.

큰일을 하려면 그것이 미세할 때 행해야 합니다.

爲大於其細.

큰일을 하고자 하면 반드시 작은 것부터 시작해야 하며, 재앙이나 혼란도 작은 것으로부터 오는 겁니다.

欲爲大事, 必作於小, 禍亂從小來也.

천하의 어려운 일도 반드시 쉬운 것에서부터 시작되고, 천하의 큰일도 반드시 미세한 일에서부터 시작됩니다.

天下難事必作於易, 天下大事必作於細.

쉬운 일로부터 어려운 일이 생겨나고 미세한 것으로부터 큰 것으로 발전하는 법입니다.

從易生難, 從細生著.

이 때문에 성인은 끝내 큰일을 하려고만 하지 않기 때문에 큰일을 이룰 수 있는 겁니다.

是以聖人終不爲大, 故能成其大.

겸손하고 마음을 비우니 천하가 모두 그에게로 되돌아가는 겁니다.

處謙虛, 天下共歸之也.

대개 가볍게 무언가를 허락하면 반드시 신뢰가 적은 법이며,

夫輕諾必寡信,

신중하게 말하지 않기 때문입니다.

不重言也.

너무 쉽게만 여기면 반드시 어려움도 많이 따르게 되는 법입니다.

多易必多難.

신중하게 고민을 하지 않기 때문입니다.

不慎患也.

이 때문에 성인은 모든 일을 오히려 어렵게 대하기에,

是以聖人猶難之,

성인은 몸을 움직여 일을 시작하고, 거행할 때는 나아가고 물러남을 신중하고 어렵게 대하여, 그 나쁜 싹을 아예 근절시키고자 하는 겁니다.

聖人動作舉事, 猶進退, 重難之, 欲塞其源也.

그러므로 끝내 어려움이 없는 겁니다.

故終無難.

성인이 몸이 다할 때까지 걱정꺼리나 어려운 일을 당하지 않는 것은, 해로운 일이 깊어지기 전에 벗어나기 때문입니다.

聖人終身無患難之事, 由避害深也

제64장　미세함을 지킴
수미(守微)

편안하면 지키기가 쉽고,

其安易持,

몸을 다스리고 나라를 다스림에 편안하고 고요한 자는 지켜 유지하기가 쉽습니다.

治身治國安靜者, 易守持也.

아직 조짐이 없을 때가 도모하기 쉬우며,

其未兆易謀,

오욕칠정과 불행이나 우환이 아직 그 모습을 드러낼 조짐조차 없을 때가 도모하여 쉽게 그치게 할 수 있습니다.

情欲禍患未有形兆時, 易謀止也.

연약할 때 깨뜨리기가 쉽고,

其脆易破,

불행과 혼란이 아직 시작되지 않았을 때와 오욕칠정이 아직 기색을 드러내지 않았을 때, 이는 연약할 때 쉽게 깨뜨리고 제거할 수 있는 것과 같습니다.

禍亂未動於朝, 情欲未見於色, 如脆弱易破除.

미약할 때 흩어버리기가 쉽습니다.

其微易散,

그 일이 아직 밝고 분명하지 않고 미세하고 작을 때가 흩뜨려버리고 제거하기가 쉽습니다.

其[事]未彰著, 微小易散去也.

일이 아직 드러나기 전에 하고,

爲之於未有,

무언가를 하고자 한다면 아직 싹이 움트기 전에 미리 그 실마리를 막아야 합니다.

欲有所爲, 當於未有萌芽之時, [豫]塞其端也.

아직 혼란스러워지기 전에 다스려야 합니다.

治之於未亂.

몸을 다스리고 나라를 다스림에 있어서는 아직 혼란스럽지 않을
때, 미리 그 문을 닫아야 합니다.

治身治國, [當]於未亂之時, 當豫閉其門也.

아름드리나무도 털끝 같은 싹에서 생겨나고,

合抱之木生於毫末;

작은 것에서부터 큰 것이 이루어집니다.

從小成大.

구 층의 누각도 한 줌 흙이 쌓여서 세워지며,

九層之臺起於累土;

낮은 곳에서부터 높은 것이 세워집니다.

從卑立高.

천 리 길도 발밑에서 시작되고,

千里之行始於足下,

가까운 곳에서부터 멀리까지 이르는 겁니다.

從近至遠.

억지로 하는 자는 실패할 것이며,

爲者敗之,

일을 인위적으로 하게 되면 자연스러움을 잃게 되고, 의로움을 인위적으로 하게 되면 어짊을 잃게 되며, 남녀의 교합에 있어서도 억지로 하게 되면 정과 기를 잃게 됩니다.

有爲於事, 廢於自然; 有爲於義, 廢於仁; 有爲於色, 廢於精神也.

집착하는 자는 잃게 됩니다.

執者失之.

잇속에만 집착하면 환란을 만나게 되지만 도를 붙잡으면 몸을 온전하게 하는 것이며, 단단히 붙잡으면 얻지 못하지만 남에게 미루고 사양하면 되돌아오는 겁니다.

執利遇患, 執道全身, 堅持不得, 推讓反還.

성인은 억지로 하지 않는 무위로 하기 때문에 실패하는 일이 없고,

聖人無爲故無敗,

성인은 일부러 화려하게 꾸미지 않고, 억지로 잇속을 챙기거나 남녀교합을 하지 않으며, 남을 해치거나 도적질을 하지 않기 때문에 실패하거나 무너짐이 없는 겁니다.

聖人不爲華文, 不爲色利, 不爲殘賊, 故無敗壞.

집착하지 않기 때문에 잃음도 없는 겁니다.

無執故無失.

성인은 덕을 갖추어 어리석은 자들을 교화하고, 재물로써 가난한 자들을 도우며, 집착하거나 쌓아두는 것이 없기 때문에 사람들에게 잃는 것도 없는 겁니다.

聖人有德以敎愚, 有財以與貧, 無所執藏, 故無所失於人也.

사람들이 일을 하면 항상 거의 성공할 즈음에 실패하는데,

民之從事, 常於幾成而敗之,

종(從)은 일을 한다는 뜻입니다. 사람들이 일을 하면 항상 그 공덕이 거의 이루어질 즈음에 자리를 탐내고 명예를 바라며 사치스러운 마음이 지나치게 넘쳐흐르니 실패하는 겁니다.

從, 爲也. 民之爲事, 常於[其]功德幾成, 而貪位好名, 奢泰盈滿而敗之也.

시작할 때의 마음처럼 마지막에도 신중을 기한다면 실패하는 일이 없을 겁니다.

愼終如始, 則無敗事.

마지막도 처음과 같아야 하니, 게으르고 태만해서는 안 됩니다.

終當如始, 不當懈怠.

이 때문에 성인은 사람들이 바라지 않는 것을 바라고,

是以聖人欲不欲,

성인은 사람들이 하고자 하지 않는 것을 하는 겁니다. 사람들은 밝게 드러내고자 하지만 성인은 그 빛남을 감추고자 하며, 사람들은 화려하게 꾸미고자 하지만 성인은 질박하게 하고자 하고, 사람들은 교합(色)을 하려 하지만 성인은 덕스러워지고자 합니다.

聖人欲人所不欲. 人欲彰顯, 聖人欲伏光; 人欲文飾, 聖人欲質朴; 人欲[於]色, 聖人欲於德.

얻기 어려운 재화를 귀히 여기지도 않고,

不貴難得之貨;

성인은 화려하게 빛나는 것으로 옷을 지어 입지 않으며, 돌을 천하게 여기거나 옥을 귀히 여기지도 않습니다.

聖人不眩[晃]爲服, 不賤石而貴玉.

사람들이 배우지 않는 것을 배우고,

學不學,

성인은 사람들이 배울 수 없는 것을 배우는 겁니다. 사람들은 거짓된 지식을 배우지만 성인은 저절로 그러한 자연을 배우며, 사람들은 세상 다스리는 것을 배우지만 성인은 몸 다스리는 법을 배워 도의 참됨을 지키는 겁니다.

聖人學人所不能學. 人學智詐, 聖人學自然; 人學治世, 聖人學治身, 守道眞也.

많은 사람들이 지나쳐 버리는 것으로 되돌아갑니다.

復衆人之所過.

많은 사람이 모두 반대되는 것을 배우고 물으니, 이는 근본을 말단으로 여기고 열매를 꽃으로 여기는 과오인 겁니다. 되돌아간다는 것은 근본과 열매로 되돌아가게 한다는 것이죠.

衆人學問[皆]反, 過本爲末, 過實爲華. 復之者, 使反本[實]也.

이렇게 함으로써 만물의 자연스러움을 도와줄 뿐,

以輔萬物之自然,

사람들로 하여금 근본과 열매로 되돌아가게 한다는 것은 만물이
저절로 그러한 본성을 회복하도록 돕고자 한다는 겁니다.

教人反本實者, 欲以輔助萬物自然之性也.

감히 억지로 하지는 않습니다.

而不敢爲.

성인은 인과와 자연적인 순환에 따라 움직이는 것이지, 감히 인
위적으로 조작하는 것이 없으며 다만 근본에서 멀어질까 염려하는
겁니다.

聖人動作因循, 不敢有所造爲, 恐遠本也.

제65장　　순박한 덕

순덕(淳德)

옛날에 도를 잘 행하던 사람은 백성들을 총명하게 하려 하지 않
고, 오히려 그들을 우매하게 하였습니다.

古之善爲道者, 非以明民, 將以愚之.

옛날에 도로써 몸을 다스리거나 나라 다스림에 능통했던 사람은 도로써 백성들을 교화하여 총명하거나 지혜로워 교묘하게 사기나 치게 하지 않고, 오히려 도와 덕으로써 백성들을 교화하여 질박하면서도 속이거나 거짓행위를 못하게 하였음을 말한 겁니다.

說古之善以道治身及治國者, 不以道教民明智巧詐也, 將以道德教民, 使質朴不詐僞.

백성들을 다스리기 어려운 것은 그들의 앎이 많기 때문입니다.

民之難治, 以其智多.

백성들을 다스리기 어려운 까닭은 그들의 앎이 너무 많아 교묘함과 거짓됨을 행하기 때문입니다.

民之所以難治者, 以其智[太]多而爲巧僞.

지혜로써 나라를 다스리는 것은 나라의 도적이 될 수 있고,

以智治國, 國之賊;

지혜로운 사람으로 하여금 나라의 정사를 맡게 하면 반드시 도와 덕을 멀리하고, 망령되게 권위만을 앞세워 복지국가를 만든다며 나라의 도적이 되어버립니다.

使智慧之人治國之政事, 必遠道德, 妄作威福, 爲國之賊也.

지혜로써 나라를 다스리지 않으면 오히려 나라에 복이 됩니다.

不以智治國, 國之福.

지혜로운 사람으로 하여금 나라의 정사를 맡게 하지 않으면 백성들은 정직함을 지켜 간사스럽거나 꾸며대지 않으니, 위아래가 서로 친화하게 되고 임금과 신하가 함께 노력하기 때문에 나라의 복이 되는 겁니다.

不使智慧之人治國之政事, 則民守正直, 不爲邪飾, 上下相親, 君臣同力, 故爲國之福也.

이 두 가지를 아는 것 또한 법도를 깨닫는 겁니다.

知此兩者亦稽式.

두 가지란 지혜로움과 지혜롭지 않음을 말합니다. 항상 지혜로운 자는 도적이 될 수 있고 지혜롭지 않은 자는 복이 될 수 있으니, 이것이 몸을 다스리고 나라를 다스리는 법칙인 겁니다.

兩者謂智與不智也. 常能智者爲賊, 不智者爲福, 是治身治國之法式也.

언제나 법도를 깨닫고 아는 것, 이것을 일러 '하늘의 덕'인 현덕이라 합니다.

常知稽式, 是謂玄德.

현(玄)은 하늘을 뜻합니다. 언제나 몸을 다스리고 나라를 다스리는 법칙을 알 수 있으니, 이를 일러 "하늘과 같은 덕을 지녔다"고 합니다.

玄, 天也. [常]能知治身及治國之法式, 是謂與天同德也.

하늘의 덕은 깊고도 멀어서,

玄德深矣, 遠矣,

하늘의 덕을 지닌 사람은 그 깊이를 헤아릴 수가 없고, 너무 멀어 다다를 수가 없습니다.

玄德之人深不可測, 遠不可及也.

만물과는 반대입니다.

與物反矣.

하늘의 덕을 지닌 사람은 만물과는 반대이면서 다른데, 만물은 자신에게 이익되게 하고자 하지만 하늘의 덕을 지닌 사람은 사람들에게 베풀고자 합니다.

玄德之人與萬物反異, 萬物欲益己, 玄德[欲]施與人也.

마침내 크나큰 순리에 이르게 됩니다.

乃至大順.

하늘의 덕을 지닌 사람은 만물과는 반대되고 다르기 때문에 크나큰 순리에 도달할 수 있는 겁니다. 하늘의 이치를 따르는 것이죠.

玄德[之人]與萬物反異, 故能至大順. 順天理也.

제66장	자기 자신을 뒤로 물림
	후기(後己)

강과 바다가 모든 골짜기의 왕이 될 수 있는 까닭은, 자신을 잘

낮추기 때문에 모든 계곡의 왕이 될 수 있는 겁니다.

江海所以能爲百谷王者, 以其善下之, 故能爲百谷王.

강과 바다가 낮기 때문에 모든 것이 흘러들어 그곳으로 모여드니, 백성들이 왕에게 되돌아가 따르는 것과 같습니다. 자신을 낮추기 때문에 모든 골짜기의 왕이 될 수 있는 겁니다.

江海以卑[下], 故衆流歸之, 若民歸就王[者]. 以卑下, 故能爲百谷王也.

이 때문에 성인이 백성의 위에 있고자 한다면,

是以聖人欲上民,

백성의 위에 있고자 합니다.

欲在民[之]上也.

반드시 그 말로써 자신을 낮추고,

必以[其]言下之;

강과 바다를 본받아 겸손함과 비움을 지녀야 합니다.

法江海, 處謙虛.

백성들의 앞에 있고자 한다면,

欲先民,

백성들의 앞에 있고자 합니다.

欲在民之前也.

반드시 그 몸을 뒤에 두어야 합니다.

必以[其]身後之.

사람들을 앞세우고 자신을 뒤에 두어야 합니다.

先人而後己也.

이 때문에 성인이 위에 있어도 백성들이 힘겨워하지 않으며,

是以聖人處上而民不重,

성인이 백성들의 위에서 주인이 되어도 존귀함으로써 아래 백성
들을 못살게 굴지 않기 때문에, 백성들은 우러러보면서도 힘겨워
하지 않습니다.

聖人在民上爲主, 不以尊貴虐下, 故民戴[仰]而不[以]爲重.

앞에 있어도 백성들이 해치지 않습니다.

處前而民不害.

성인은 백성들의 앞에 있어도 빛과 밝음으로써 뒤따르는 사람들
을 뒤덮지 않으니, 백성들은 부모와 같이 친하게 대하고 해를 끼치
고자 하는 마음도 가슴에 두지 않습니다.

聖人在民前, 不以光明蔽後, 民親之若父母, 無有欲害之心也.

이 때문에 천하 모든 사람이 그를 즐거이 받들고 싫어하지 않습니다.

是以天下樂推而不厭.

성인은 은혜로움이 깊고 사랑이 두터워서 백성들을 갓난아이와
같이 돌보기 때문에, 천하 사람들이 모두 그를 즐거이 받들어 주인

으로 여기면서도 싫어하는 사람이 없는 겁니다.

聖人恩深愛厚, 視民如赤子, 故天下樂推進以爲主, 無有厭[之者].

다투지 않기 때문에 천하의 누구도 그와 더불어 다툴 수가 없습니다.

以其不爭, 故天下莫能與之爭.

천하 사람들은 성인을 싫어할 때가 없으니, 이 때문에 성인은 사람들과 앞뒤를 다투지 않습니다. 사람들이 모두 다투어 유위(有爲)를 행할 뿐, 나와 더불어 무위를 다투어 행하는 사람은 없다는 것을 말한 겁니다.

天下無厭聖人[之]時, 是由聖人不與人爭先後也. 言人皆[爭]有爲, 無有與吾爭無爲[者].

제67장　　세 가지 보물
삼보(三寶)

천하 사람들이 나를 위대하다고 말하지만, 나는 좀 모자란 듯합니다.

天下皆謂我大, 似不肖.

노자가 말하기를 "천하 사람들이 모두 나의 덕이 위대하다고 말하지만, 나는 어리석은 체하여 좀 모자란 듯하다"고 하였습니다.

老子言: 天下[皆]謂我德大, 我則佯愚似不肖.

오직 위대하기 때문에 모자란 듯 보이는 겁니다.

夫唯大, 故似不肖.

오직 홀로 명예와 덕이 위대한 자는 몸을 해치게 되기 때문에 어리석은 체하여 모자란 듯 보이는 겁니다. 따라서 남을 분별하지도 않고 이렇다 저렇다 판단하지도 않으며, 다른 사람을 천시하거나 자신을 귀하게 여기지도 않습니다.

唯獨名德大者爲身害, 故佯愚似若不肖. 無所分別, 無所割截, 不賤人而自貴.

만약 똑똑하였다면 세세하게 살피는 정치를 행한 지 오래되었을 겁니다.

若肖久矣.

초(肖)는 똑똑하다는 뜻으로 분별을 잘하고 지혜로운 사람을 말합니다. 만약 뛰어나게 분별을 잘하고 지혜로운 사람이었다면, 자신을 지체 높고 존귀하다고 여겨 세세하게 살피는 정치를 행해 온 지가 오래되었을 겁니다.

肖, 善也. 謂辨惠也. 若大辨惠之人, 身高自貴, 行察察之政, 所從來久矣.

그러한 사람은 소인배와 같은 겁니다.

其細[也夫].

분별을 잘하고 지혜로운 자는 단지 소인배와 같을 뿐 큰 사람이 아님을 말한 겁니다.

言辨惠者唯如小人, 非長者[矣].

나에게는 세 가지 보물이 있으니, 잘 붙들어서 보존합니다.

我有三寶, 持而保之.

노자가 말하기를 "나에게는 세 가지 보물이 있으니, 잘 붙들어 끌어안고서 보존하며 의지한다"고 하였습니다.

老子言: 我有三寶, 抱持而保倚[之].

첫째는 자애(慈愛)이고,

一曰慈,

백성들을 갓난아이처럼 사랑합니다.

愛百姓若赤子.

둘째는 검약(儉約)이며,

二曰儉,

부과한 조세를 거두어들이는 것을 마치 자신에게서 취하는 것처럼 합니다.

賦斂若取之於己也.

셋째는 감히 천하에 앞서지 않는 겁니다.

三曰不敢爲天下先.

겸손을 지켜 물러나고, 앞장서서 시작하지 않습니다.

執謙退, 不爲倡始也.

자애롭기 때문에 용감할 수 있고,

慈故能勇,

자애와 어짊으로 하기 때문에 충성하고 효도하는 데 용감할 수 있습니다.

以慈仁, 故能勇於忠孝也.

검약하기 때문에 널리 베풀 수 있으며,

儉故能廣,

천자 자신이 절약하고 아낄 수 있기 때문에 백성들이 날마다 쓸 것이 넉넉해지는 겁니다.

天子身能節儉, 故民日用廣矣.

감히 천하에 앞서지 않기 때문에,

不敢爲天下先,

감히 천하의 우두머리로 나서지 않습니다.

不[敢]爲天下首先.

큰 그릇을 지닌 도인의 우두머리가 될 수 있는 겁니다.

故能成器長.

큰 그릇을 지닌 우두머리는 득도한 사람을 말합니다. 그러므로 나는 득도한 사람의 우두머리가 될 수 있는 겁니다.

成器長, 謂得道人也. 我能爲道人之長也.

요즘 사람들은 자애로움을 버리고 용감해지려 하고,

今舍[其]慈且勇,

요즘 사람들은 자애로움과 어짊을 버리고서 다만 용감무쌍해지려고만 합니다.

今世人舍慈仁, 但爲勇武.

검약함을 버리고 널리 쓰려고만 하며,

舍[其]儉且廣,

검약함을 버리고 다만 사치와 허풍만 일삼으려 합니다.

舍其儉約, 但爲奢泰.

뒤에 서는 것을 버리고 앞장만 서려 하니,

舍[其]後且先,

자신을 뒤로함을 버리고 다만 남의 앞에만 서려 합니다.

舍其後己, 但爲人先.

이렇게 하면 죽게 될 겁니다.

死矣!

이와 같이 행한다면 죽음의 땅으로 들어가게 될 겁니다.

所行如此, 動入死地.

자애로움으로 싸우면 이기게 되고, 지키려 하면 견고해집니다.

夫慈, 以戰則勝, 以守則固.

자애롭고 어진 사람은 백성이 친근히 따르며, 아울러 백성의 마음을 한뜻으로 모으기 때문에 전쟁을 하면 적군을 이기고, 나라를 방어하여 지키려 하면 견고해집니다.

夫慈仁者, 百姓親附, 幷心一意, 故以戰則勝敵, 以守衛則堅固.

하늘이 선한 사람을 돕고자 할 때는 자애로움으로써 그를 에워쌉니다.

天將救之, 以慈衛之.

하늘이 선한 사람을 돕고자 할 때는 반드시 자애롭고 어진 성품을 부여하여 스스로 경영하고 도울 수 있게 합니다.

天將救助善人, 必與慈仁之性, 使能自營助也.

제68장   하늘과 짝함

배천(配天)

훌륭한 무사는 무력을 쓰지 않고,

善爲士者不武,

도와 덕을 귀히 여기고 무력을 좋아하지 않는다는 말입니다.

言貴道德, 不好武力也.

훌륭한 전사는 화를 내지 않으며,

善戰者不怒,

도로써 잘 싸우는 사람은 가슴속에 삿된 생각을 품지 않으며, 재앙의 싹이 아직 생기기도 전에 잘라버리니, 죽이거나 화낼 것이 없습니다.

善以道戰者, 禁邪於胸心, 絶禍於未萌, 無所誅怒也.

훌륭한 승자는 적과 싸우지 않고,

善勝敵者不與,

도로써 적을 잘 이기는 사람은 가까이 따르는 자에게는 인으로써 대하고, 멀리서 오는 사람에게는 덕으로써 대하니, 적과 싸우지 않아도 적이 스스로 복종하게 됩니다.

善以道勝敵者, 附近以仁, 來遠以德, 不與敵爭, 而敵自服也.

사람을 잘 쓰는 사람은 자신을 낮춥니다.

善用人者爲之下.

사람을 잘 써서 자신을 돕게 하는 사람은 늘 다른 사람에게 겸손하고 자신을 낮추는 태도를 지킵니다.

善用人自輔佐者, 常爲人執謙下也.

이를 일러 '다투지 않는 덕'이라 하고,

是謂不爭之德,

앞 문장의 "자신을 낮춘다"를 말한 겁니다. 이것이 곧 다른 사람과 다투지 않는 도와 덕입니다.

謂上爲之下也. 是乃不與人爭之道德也.

이를 일러 '사람을 활용하는 힘'이라고 하며,

是謂用人之力,

자신을 다른 사람들에게 낮출 수 있으면, 이를 일러 사람과 신하를 활용하는 힘이라고 합니다.

能身爲人下[者], 是謂用人臣之力也.

이를 일러 '하늘과 짝한다'고 하였으니,

是謂配天,

이러한 것을 행할 수 있는 자는 그 덕이 하늘과 짝하게 됩니다.

能行此者, 德配天也.

예부터 내려오는 지극한 도입니다.

古之極.

이것이 곧 예부터 내려오는 지극히 중요한 도입니다.

是乃古之極要道也.

제69장   현묘한 용병술

현용(玄用)

용병에 대해 다음과 같은 말이 있는데,

用兵有言:

용병의 도에 대해 진술하고 있습니다. 노자는 당시의 용병술을 싫어하였기 때문에 자신의 생각에 근거하여 용병의 의의를 설명하고 있습니다.

陳用兵之道. 老子疾時用兵, 故託己設其義也.

나는 감히 주인이 되어 먼저 나서지 않고,

吾不敢爲主,

주(主)는 먼저 나선다는 뜻입니다. 나는 감히 먼저 병사를 먼저 일으키지 않는다는 것이죠.

主, 先也. [我]不敢先擧兵.

손님의 입장에 서며,

而爲客,

손님은 화합은 하되 먼저 나서지는 않습니다. 병사를 활용할 때는 하늘의 뜻을 받든 이후에 움직여야 합니다.

客者, 和而不倡. 用兵當承天而後動.

감히 한 치 앞으로 나아가기보다는 도리어 한 자를 물러납니다.

不敢進寸而退尺.

남의 국경을 침입하고 남의 재산과 보물을 탐내는 것이 나아감이고, 성문을 닫고 성을 지키는 것이 물러남입니다.

侵人境界, 利人財寶, 爲進; 閉門守城, 爲退.

이를 일러 살인을 행함이 없이 행한다는 것이며,

是謂行無行,

상대방이 계속해서 멈추지 않으면 상대는 천하의 적이 되는 것이며, 비록 상대를 무찔러 죽인다 해도 전열을 갖추어 행한 것이 아닙니다.

彼遂不止, 爲天下賊, 雖行誅之, 不成行列也.

팔도 없이 소맷자락을 걷어 올리고,

攘無臂,

비록 소맷자락을 걷어 올리고 크게 화를 내고자 하여도, 마치 걷어 올릴 팔이 없는 것처럼 합니다.

雖欲[攘臂]大怒, 若無臂可攘也.

적이 없이 물리치며,

仍無敵,

비록 물리치고자 하여도 마치 물리칠 적이 없는 것처럼 합니다.

雖欲仍引之, 若無敵可仍也.

병기도 없이 붙잡는다고 합니다.

執無兵.

비록 병기를 붙잡으려 해도 마치 잡아 쓸 수 있는 병기가 없는 것처럼 합니다. 어째서이겠습니까? 상대의 백성이 하늘의 죄에 걸려들고 도덕성 없는 군주를 만난 것이 마음 아프고, 그들이 당할 처참한 고통이 불쌍하기 때문입니다.

雖欲執持之, 若無兵刃可持用也. 何者? 傷彼之民罹罪於天, 遭不道之君, 愍忍喪之痛也.

적을 가볍게 여기는 것보다 큰 재난은 없으며,

禍莫大於輕敵,

재난과 환란의 해로움은 적군을 속이고 가볍게 여기는 것보다 큰 것은 없으니, 침략과 착취가 그치지 않고 전쟁을 가볍게 여기고 재물을 탐내기 때문입니다.

夫禍亂之害, 莫大於欺輕敵家, 侵取不休, 輕戰貪財也.

적을 가볍게 여기면 나의 보물인 몸도 거의 잃게 됩니다.

輕敵幾喪吾寶.

기(幾)는 가깝다는 뜻이며, 보(寶)는 몸을 말합니다. 적을 속이고 가볍게 여기는 자는 자신의 몸도 거의 잃게 됩니다.

幾, 近也. 寶, 身也. 欺輕敵者, 近喪身也.

그러므로 군사가 서로 맞서 싸울 때는,

故抗兵相加,

양쪽의 적이 서로 맞서 싸운다는 겁니다.

兩敵[相]戰也.

병사들의 죽음을 슬퍼하는 자가 이기게 됩니다.

哀者勝矣.

슬퍼하는 자는 자애롭고 어진 사람이니, 병사들이 그를 위한 죽음을 꺼리지 않습니다.

哀者慈仁, 士卒不遠於死.

제70장   알기 어려움

지난(知難)

내 말은 매우 알기 쉽고 실천하기도 그지없이 쉬운데,

吾言甚易知, 甚易行.

노자가 말하기를 "내가 말한 것은 너절한 것을 생략하여 알기도 쉽고, 간략해서 실천에 옮기기도 쉽다"고 하였습니다.

老子言: 吾所言省而易知, 約而易行.

천하 사람들은 알지도 못하고, 도무지 실천하지도 않습니다.

天下莫能知, 莫能行.

사람들은 부드러움과 나긋나긋함을 싫어하고, 굳세고 강함을 좋아합니다.

人惡柔弱, 好剛强也.

말에는 종지가 있고, 일에는 중심이 있습니다.

言有宗, 事有君.

내가 하는 말에는 종지(宗旨)와 근본이 있고, 일에는 임금과 신하라는 위아래 질서가 있습니다. 세상 사람들이 나의 말을 알지 못하는 것은 내게 덕이 없는 것이 아니라 그들의 마음이 나와는 반대이기 때문입니다.

我所言有宗祖根本, 事有君臣上下, 世人不知者, 非我之無德, 心與我反也.

오로지 이를 알지 못하므로, 이 때문에 나의 말을 알지 못하는 겁니다.

夫唯無知, 是以不我知.

오로지 세상 사람들이 알지 못하는 것은 나의 도와 덕이 어둡고 흐릿하여 밖으로 드러나지 않을 정도로 아주 미세하고 지극히 미묘하기 때문에 알지 못하는 겁니다.

夫唯世人之無知者, 是我[道]德之暗[昧], 不見於外, 窮微極妙, 故無知也.

나를 아는 사람이 드물기에 나를 본받는 사람은 귀하게 되는 겁니다.

知我者希, 則我者貴.

희(希)는 드물다는 뜻입니다. 오직 도를 통달한 사람만이 나를 알 수 있기 때문에 귀하게 되는 것입니다.

希, 少也. 唯達道者乃能知我, 故爲貴也.

이 때문에 성인은 겉으로는 허름한 칡 베옷을 입고서 가슴에는

소중한 옥을 품는 겁니다.

是以聖人被褐懷玉.

췌 베옷을 입는 것은 겉으로는 보잘것없이 꾸민다는 것이고, 가슴에 소중한 옥을 품는다는 것은 내면을 충실하게 한다는 것으로, 안으로 보배를 숨기고 덕을 감추어 남들에게 드러내 보이지 않는다는 겁니다.

被褐者薄外, 懷玉者厚內, 匿寶藏德, 不以示人也.

제71장　　대중의 병폐를 앎
지병(知病)

알면서도 알지 못하는 것처럼 하는 게 최상의 덕이고,

知不知上,

알면서도 알지 못하는 것처럼 말하는 것이, 곧 최상의 덕입니다.

知道[而]言不知, 是乃德之上.

알지 못하면서도 아는 체하는 게 병폐입니다.

不知知病.

알지 못하면서도 안다고 말하는 것은, 곧 덕성의 병폐입니다.

不知道[而]言知, 是乃德之病.

오로지 병폐를 병폐로 인식하면, 이 때문에 병폐가 생기지 않습니다.

夫唯病病, 是以不病.

많은 사람들이 억지로 안다고 하는 병폐가 있음을 알고서 괴로
워할 수 있다면, 이 때문에 자신에게는 병폐가 생기지 않습니다.

夫唯能病苦衆人有强知之病, 是以不自病也.

**성인에게 병폐가 없는 것은 그 병폐를 병폐로써 인식하기 때문
에 병폐가 생기지 않는 겁니다.**

聖人不病, 以其病病, 是以不病.

성인에게 이러한 억지로 아는 체하는 병폐가 없는 것은, 많은 사
람들에게 이러한 병폐가 있음을 늘 가슴 아파하며 그들을 가엾게
여기기 때문에 성인 자신에게 병폐가 생기지 않는 겁니다. 성인이
통달한 지혜를 가슴에 품고 있으면서도 알지 못한 것처럼 행동한
것은 천하의 사람들로 하여금 질박하고 충성스럽고 바르게 하여
각자의 순수한 성품을 지키게 하고자 하였기 때문입니다. 소인은
도의 뜻도 모르면서 억지로 아는 것처럼 망령되게 행동하며 자신
을 드러내려 하는데, 안으로는 정과 신을 해치고 수명을 감축시킬
뿐입니다.

聖人無此强知之病者, 以其常苦衆人有此病, 以此悲人, 故不自病.
夫聖人懷通達之知, 託於不知者, 欲使天下質朴忠正, 各守純性. 小人
不知道意, 而妄行强知之事以自顯著, 內傷精神, 減壽消年也.

제72장 　자기 자신을 아낌

애기(愛己)

백성들이 해로운 것을 두려워하지 않으면 보다 큰 해로운 것이 이르게 됩니다.

民不畏威, [則]大威至.

위(威)는 해롭다는 뜻입니다. 사람이 작은 해로움을 두려워하지 않으면 보다 큰 해로움이 이르게 됩니다. 큰 해로움이란 죽음을 말한 거죠. 이것을 두려워하는 자는 마땅히 정을 아끼고 신을 길러야 하며, 하늘을 받들고 땅을 따라야 합니다.

威, 害也. 人不畏小害則大害至. [大害者], 謂死亡也. 畏之者當愛精[養]神, 承天順地也.

그 신이 머무는 곳을 비좁게 하지 말고,

無狎其所居,

사람의 마음에는 신이 머물고 있으니, 마땅히 너그럽고 부드럽게 해야지 조급하고 협소하게 가져서는 안 됩니다.

謂心居神, 當寬柔, 不當急狹也.

그 정과 신이 살아가는 곳을 억누르지 않아야 하며,

無厭其所生,

사람이 살아가는 것은 정과 신이 존재하기 때문입니다. 정과 신은 텅 빔에 의탁하고 맑고 고요함을 좋아하는데, 만약 마시고 먹는 것을 절제하지 않고 도를 홀시하며 색정만을 생각하고 삿됨과 편견이 뱃속에 가득 차게 되면 근본을 해치고 신을 억누르게 됩니다.

人所以生者, 以有精神. [精神]託空虛, 喜淸靜, [若]飮食不節, 忽道念色, 邪僻滿腹, 爲伐本厭神也.

오직 싫어하지 않게 하기 때문에 싫어하지 않는 것입니다.

夫唯不厭, 是以不厭.

오직 정과 신을 싫어하지 않게 하는 사람만이 마음을 닦고 때를 씻어내 담백하고 욕심이 없어지면 정과 신이 거기에 머무는 것을 싫어하지 않습니다.

夫唯獨不厭精神之人, 洗心濯垢, 恬泊無欲, 則精神居之[而]不厭也.

이 때문에 성인은 자신을 알고, 자신을 드러내지 않으며,

是以聖人自知, 不自見.

스스로 자신의 득실을 알고서 스스로 덕의 아름다움을 밖으로 드러내지 않고 안으로 갈무리합니다.

自知己之得失, 不自顯見德美於外, 藏之於內.

자신을 아끼되 스스로를 귀하게 여기지 않고,

自愛不自貴,

스스로 자신의 몸을 아껴 정과 기를 보호하고, 세상에 자신을 귀하게 높이거나 영화로운 명예를 드날리려 하지 않습니다.

自愛其身以保精氣, 不自貴高榮名於世.

그러므로 저것을 버리고 이것을 취합니다.

故去彼取此.

저것 즉 자신을 드러내고 스스로를 귀하게 여기는 것을 버리고, 이것 즉 자신을 알고 자신을 아끼는 것을 취합니다.

去彼自見自貴, 取此自知自愛.

제73장　하늘이 하는 대로 맡김
임위(任爲)

감행하는 데 용감하면 죽임을 당하고,

勇於敢則殺,

감히 인위적으로 무언가를 하는 데 용감하면 자신의 몸을 죽이게 됩니다.

勇[於]敢有爲, 則殺[其]身.

감행하지 않는 데에 용감하면 살아남습니다.

勇於不敢則活.

감히 인위적으로 무언가를 하지 않는 데 용감하면 자신의 몸을 살리게 됩니다.

勇於不敢有爲, 則活其身.

이 둘 가운데,

此兩者,

감행하는 것과 감행하지 않는 것을 말합니다.

謂敢與不敢也.

하나는 이롭고 다른 하나는 해로운 것입니다.

或利或害.

몸을 살리는 것은 이로움이 되고, 몸을 죽이는 것은 해로움이 됩니다.

活身爲利, 殺身爲害.

하늘이 싫어하는 것,

天之所惡,

인위적으로 하는 걸 싫어합니다.

惡有爲也.

누가 그 이유를 알겠습니까?

孰知其故?

누가 하늘의 뜻이 그러한 까닭을 알아서 범하지 않을 수 있겠습니까?

誰能知天意之故而不犯[之]?

이 때문에 성인도 오히려 그것을 어렵게 여깁니다.

是以聖人猶難之.

성인의 밝은 덕으로도 오히려 용감하게 감행하는 것을 어렵게 여기는데, 하물며 성인의 덕도 없으면서 그렇게 행하고자 하겠느냐는 말입니다.

言聖人之明德猶難於勇敢, 況無聖人之德而欲行之乎.

하늘의 도는 다투지 않고서도 잘만 이기고,

天之道, 不爭而善勝,

하늘은 인간과 귀천을 다투지 않는데, 사람들 스스로가 하늘을 두려워하는 겁니다.

天不與人爭貴賤, 而人自畏之.

말하지 않아도 만물은 잘 반응하며,

不言而善應,

하늘이 말하지 않아도 만물은 스스로 움직여 제때에 반응합니다.

天不言, 萬物自動以應時.

부르지 않아도 스스로 찾아오고,

不召而自來,

하늘이 소리쳐 부르지도 않지만, 만물 모두가 음을 등지고 양을 향해 옵니다.

天不呼召, 萬物皆負陰而向陽.

느슨하면서도 잘 처리합니다.

繟然而善謀.

천(繟)은 느슨하다는 뜻입니다. 하늘의 도는 비록 느슨하고 넓지만, 사람의 일을 잘 처리하니, 선행을 짓거나 악행을 저지르면 각기 그에 합당한 대가를 받게 됩니다.

繟, 寬也. 天道雖寬博, 善謀慮人事, 修善行惡, 各蒙其報也.

하늘의 그물은 넓고도 넓어 엉성한 것 같지만 놓치는 게 없습니다.

天網恢恢, 疏而不失.

하늘의 그물망은 넓고도 지극히 커서 비록 엉성하고 성긴 것 같지만, 사람의 선악을 잘 살펴 놓치는 것이 없습니다.

天所網羅恢恢甚大, 雖疏遠, 司察人[之]善惡, 無有所失.

제74장　　미혹됨을 제어함
제혹(制惑)

백성들이 죽음을 두려워하지 않는다면,

民不畏死,

나라를 다스리는 자가 형벌을 극심하고 혹독하게 하면 백성들은 살아가기 어렵기 때문에 죽음마저도 두려워하지 않게 됩니다. 몸을 다스리는 자가 지나치게 즐기고 욕심을 부려 신(神)이 상하게 되면 재물을 탐하게 되고 몸마저 망치게 되니, 그러한 백성들은 두려움을 알지 못하게 됩니다.

治國者刑罰酷深, 民不聊生, 故不畏死也. 治身者嗜欲傷神, 貪財殺身, 民不知畏之也.

어떻게 죽음으로써 그들을 두렵게 하겠습니까?

奈何以死懼之?

군주가 그 형벌을 너그럽게 하지 않으면서 백성들로 하여금 오욕칠정만 제거하려 하는데, 어떻게 형벌과 법을 제정하여 죽음으로써 그들을 두렵게 하겠습니까?

人君不寬[其]刑罰, 教民去[其]情欲, 奈何設刑法以死懼之?

만약 백성들로 하여금 항상 죽음을 두렵게 하고자 한다면,

若使民常畏死,

군주 자신의 잔혹함이나 극렬함을 제거하고서 백성들로 하여금 잇속이나 욕심을 제거하게 해야 합니다.

當除己之所殘剋, 教民去利欲也.

기이한 짓을 하는 자가 있어 내가 붙잡아 그를 죽인다고 하면 누가 감히 그러하겠습니까?

而爲奇者, 吾得執而殺之, 孰敢?

도로써 교화하여도 백성이 따르지 않고 도리어 교묘하고 기이한 일을 한다면, 곧 왕의 법에 따라 붙잡아서 죽이니, 감히 누가 어기겠습니까? 노자는 당시의 왕이 먼저 도와 덕으로 사람들을 교화시키지 않고, 형벌부터 내세운 것을 안타까워한 겁니다.

以道敎化而民不從, 反爲奇巧, 乃應王法執而殺之, 誰敢有犯者? 老子疾時王, 不先以道德化之, 而先刑罰也.

항상 죽이는 것을 맡은 자가 있습니다.

常有司殺者.

죽이는 것을 맡은 자는 하늘을 말하는 것으로 높은 곳에 머물며 아래 세상을 내려다보면서 사람들의 잘못을 살핍니다. 하늘의 그물은 넓고도 넓어 성긴 것 같지만 놓치는 게 없습니다.

司殺者[謂]天, 居高臨下, 司察人過. 天網恢恢, 疏而不失也.

죽이는 일을 맡은 자를 대신하는 것, 이를 일러 유능한 목수를 대신해 나무를 자르는 행위와 같다고 합니다.

夫代司殺者, 是謂代大匠斲.

하늘의 도는 지극히 밝아 죽이는 일을 맡는 데에도 일정한 법도가 있는데, 이는 마치 봄에는 낳고 여름에는 기르고 가을에는 거두며 겨울에는 갈무리하는 것과 같으며, 북두칠성의 운행이 절기에 맞게 이동하는 것과 같습니다. 임금이 천도를 대신해 죽이고자 한다면, 이는 마치 서툰 사람이 유능한 목수를 대신하여 나무를 자르는 것과 같은 것이니, 수고롭기만 할 뿐 공효가 없습니다.

天道至明, 司殺有常, 猶春生夏長, 秋收冬藏, 斗杓運移, 以節度行之. 人君欲代殺之, 是猶拙夫代大匠斲木, 勞而無功也.

무릇 유능한 목수를 대신하는 자 중에 자신의 손을 다치지 않는
자가 드뭅니다.

夫代大匠斲者, 希有不傷手矣.

임금이 형벌을 집행하는 것은 서툰 사람이 유능한 목수를 대신
하여 나무를 자르는 것과 같아 네모나 원이 제대로 맞지 않고 오히
려 자기의 손을 다치게 됩니다. 하늘을 대신하여 죽이는 자는 나라
의 바른 기틀을 잃게 되고, 바른 기틀을 얻지 못하면 도리어 그 재
앙을 받게 됩니다.

人君行刑罰, 猶拙夫代大匠斲[木], 則方圓不得其理, 還自傷[其
手]. 代天殺者, 失[其]紀綱, 不得其紀綱, 還受其殃也.

| 제75장 | 탐욕을 줄임 |

탐손(貪損)

백성이 굶주리는 것은 윗사람들이 받아먹는 세금이 많기 때문이
니, 이런 까닭에 굶주리는 겁니다.

民之饑, 以其上食稅之多, 是以飢.

백성들이 굶주리고 추위에 떠는 이유는 군주와 윗사람들이 아래
백성들에게 받아먹는 세금이 너무 많기 때문이니, 이 때문에 백성
들은 모두 윗사람과 같이 탐욕스럽게 되어 도를 배반하고 덕을 어
기게 되기 때문에 굶주리게 되는 겁니다.

人民所以饑寒者, 以其君上稅食下太多, [是以]民皆化上爲貪, 叛

道違德, 故饑.

　백성을 다스리기 어려운 것은 그 윗사람들이 무언가를 인위적으로 하기 때문이니, 이런 까닭에 다스리기 어려운 겁니다.

　民之難治, 以其上之有爲, 是以難治.

　백성들을 다스릴 수 없는 것은 군주와 윗사람들이 욕심이 많고 무언가를 인위적으로 하기를 좋아하기 때문입니다. 이 때문에 백성들은 윗사람이 무언가를 인위적으로 하는 것처럼 따라해 감정이 어긋나 다스리기 어려운 겁니다.

　民之不可治者, 以其君上多欲, 好有爲也. 是以其民化上有爲, 情僞難治.

　백성들이 죽음을 가볍게 여기는 것은 생활의 넉넉함만 추구하기 때문이니,

　民之輕死, 以其求生之厚,

　백성들이 죽음을 가볍게 범하는 것은 생활하기 위한 일에서 너무 넉넉함만을 추구하기 때문에 잇속을 탐하다가 스스로 위험에 빠지는 겁니다.

　人民所以輕犯死者, 以其求生活之事太厚, 貪利以自危.

　이 때문에 죽음을 가볍게 여기는 겁니다.

　是以輕死.

　생활의 지나친 넉넉함만 추구하기 때문에 가볍게 죽음의 구렁텅

이로 빠지는 겁니다.

以[其]求生太厚之故, 輕入死地也.

　　그러므로 오로지 생활의 넉넉함만 바라지 않는 사람이, 생활의
넉넉함을 귀히 여기는 사람보다 현명합니다.

　　夫唯無以生爲者, 是賢於貴生.

　　오로지 생활의 넉넉함을 위해 힘쓰지 않는 사람만이 벼슬이나
녹봉에 신경 쓰지 않고, 재산과 잇속을 위해 헌신하지 않으니, 천
자도 신하로 삼을 수 없고 제후도 부려먹을 수 없기 때문에 생활의
넉넉함을 귀히 여기는 사람보다 현명한 겁니다.

　　夫唯獨無以生爲務者, 爵祿不干於意, 財利不入於身, 天子不得臣,
諸侯不得使, 則賢於貴生也.

┃제76장　　강하기만 한 것을 경계함

계강(戒强)

　　사람이 살아 있을 때는 부드럽고 나긋나긋하지만,

　　人之生也柔弱,

　　사람이 살아 있을 때는 조화로운 기운을 머금고 정과 신을 안고
있기 때문에 부드럽고 나긋나긋한 겁니다.

　　人生含和氣, 抱精神, 故柔弱也.

죽으면 딱딱하고 단단해집니다.

其死也堅强.

사람이 죽으면 조화로운 기운이 고갈되고 정과 기가 사라지기 때문에 딱딱하고 단단해지는 것이죠.

人死和氣竭, 精神亡, 故堅强也.

만물과 초목은 살아 있을 때는 부드럽고 연하지만,

萬物草木之生也柔脆,

조화로운 기운이 있기 때문입니다.

和氣存也.

죽으면 말라 뻣뻣해집니다.

其死也枯槁.

조화로운 기운이 사라지기 때문입니다.

和氣去也.

그러므로 딱딱하고 단단한 것은 죽음의 무리이고, 부드럽고 나긋나긋한 것은 삶의 무리입니다.

故堅强者死之徒, 柔弱者生之徒.

이상의 두 가지 일을 통해 볼 때, 딱딱하고 단단한 것은 죽고, 부드럽고 나긋나긋한 것은 산다는 것을 알 수 있습니다.

以上二事觀之, 知堅强者死, 柔弱者生也.

이 때문에 군대가 강하기만 하면 이기지 못하고,

是以兵强則不勝,

강대한 군사는 전쟁을 가볍게 여기고 죽임을 즐기지만, 피해자들의 독기가 흐르고 원한이 맺혀지니, 여러 약한 자들이 하나로 뭉쳐 강함을 이루기 때문에 이기지 못하는 겁니다.

强大之兵輕戰樂殺, 毒流怨結, 衆弱爲一强, 故不勝.

나무가 강하면 가지와 잎이 함께 삽니다.

木强則共.

나무가 강하고 크면 가지와 잎이 그 위에서 함께 삽니다.

木强大則枝葉共生其上.

강하고 큰 것은 아래에 놓이고, 부드럽고 나긋나긋한 것은 위에 놓입니다.

强大處下, 柔弱處上.

사물을 흥성하게 하고 공을 이룸에 있어, 큰 것은 아래에 놓이고 작은 것은 위에 놓입니다. 하늘의 도는 강한 것을 누르고 약한 것을 도우니, 이것이 대자연의 가르침입니다.

興物造功, 大木處下, 小物處上. 天道抑强扶弱, 自然之效.

제77장　하늘의 도

천도(天道)

하늘의 도는 마치 활을 당기는 것과 같습니까?

天之道, 其猶張弓乎?

하늘의 도는 어두워 볼 수 없으므로 비슷한 사물을 예로 들어서 비유한 것입니다.

天道暗昧, 擧物類以爲喻也.

높은 것은 억누르고, 낮은 것은 들어 올리며, 남는 것은 덜어내고, 부족한 것은 보태줍니다.

高者抑之, 下者擧之, 有餘者損之, 不足者益之.

활을 당기는 것은 조화롭게 해야 하는 것으로, 이와 같이 해야만 비로소 쏠 수 있음을 말하고 있습니다. 무릇 높은 것은 억누르고, 낮은 것은 들어 올리며, 강한 것은 덜어내고, 약한 것은 보태주는 것이 하늘의 도입니다.

言張弓和調之, 如是乃可用耳, 夫抑高擧下, 損强益弱, 天之道也.

하늘의 도는 남는 것을 덜어내어 부족한 것에 보태주지만,

天之道, 損有餘而補不足,

하늘의 도는 남는 것을 덜어내어 모자란 것에 더해 주니, 항상 '중화(中和)'를 최상으로 여깁니다.

天道損有餘而益謙, 常以中和爲上.

사람의 도는 그렇지 않으니, 부족한 자에게서 덜어내어 넉넉한 자에게 보탭니다.

人之道則不然, 損不足以奉有餘.

사람의 도는 하늘의 도와는 상반되어 세속의 사람들은 가난한 자의 것을 덜어내서 부유한 자에게 보태고, 약한 자의 것을 빼앗아 강한 자에게 바칩니다.

人道則與天道反, 世俗之人損貧以奉富, 奪弱以益强也.

누가 넉넉함이 있어 천하 사람들을 받들 수 있겠습니까? 오직 도를 갖춘 자만이 할 수 있습니다.

孰能有餘以奉天下? 唯有道者.

누가 넉넉함을 누리는 지위에 있으면서 자신의 녹봉과 재물을 덜어내 천하의 부족한 사람들에게 나누어줄 수 있겠느냐?는 말입니다. 오직 도를 갖춘 군자만이 행할 수 있는 일입니다.

言誰能居有餘之位, 自省爵祿以奉天下不足者乎? 唯有道之君能行 [之]也.

이 때문에 성인은 베풀면서도 보답을 바라지 않고,

是以聖人爲而不恃.

성인은 덕을 행하고 은혜를 베풀면서도 그 보답을 기대하거나 바라지도 않습니다.

聖人爲德施[惠], 不恃[望]其報也.

공이 이루어져도 그 자리에 머물지 않으며,

功成而不處,

공을 이루고 일을 완수하였어도 그 자리에 머물지 않습니다.

功成事就, 不處其位.

자신의 어짊을 드러내려 하지 않습니다.

其不欲見賢.

사람들이 자신의 어짊을 알아주기를 바라지도 않고, 공을 감추고 화려한 명예에 머물지도 않는데, 하늘이 자신의 넉넉함을 덜어 낼까 두렵기 때문입니다.

不欲使人知己之賢, 匿功不居榮[名], 畏天損有餘也.

제78장　　믿고 맡김

임신(任信)

천하에 물보다 부드럽고 여린 것은 없지만,

天下柔弱莫過於水,

이러한 물은 둥근 곳에 들어가면 둥글게 되고, 네모진 곳에 들어가면 네모지게 되며, 막으면 멈추고, 터놓으면 흘러갑니다.

圓中則圓, 方中則方, 壅之則止, 決之則行.

단단하고 강한 것을 공격하는 데 있어 그 어느 것도 물을 능가할

수는 없으며,

而攻堅强者莫之能勝,

물은 산을 감싸고 언덕을 오를 수 있으며, 단단한 철과 동을 마모
시킬 수도 있으니, 어느 것도 물을 이겨 공을 이룰 수는 없습니다.

水能懷山襄陵, 磨鐵消銅, 莫能勝水而成功也.

그 어느 것도 물을 대신할 수는 없습니다.

以其無以易之.

단단하고 강한 것을 공격하는 데 있어 물을 대신할 수 있는 것은
없습니다.

夫攻堅强者, 無以易於水.

나긋나긋한 것이 강한 것을 이기고,

弱之勝强,

물은 불을 끌 수 있고, 음은 양을 소멸시킬 수 있습니다.

水能滅火, 陰能消陽.

부드러운 것이 단단한 것을 이기며,

柔之勝剛,

혀는 부드럽고 이빨은 단단하지만, 이빨이 혀에 앞서 망가집니다.

舌柔齒剛, 齒先舌亡.

이러한 사실을 천하에 모르는 사람이 없지만,

天下莫不知,

부드럽고 나긋나긋한 것은 오래가고 단단하고 강한 것은 부러지고 상한다는 것을 안다는 겁니다.

知柔弱者久長, 剛强者折傷.

실천하는 사람이 아무도 없습니다.

莫能行.

겸손함과 낮춤을 부끄러워하고, 강하고 우세한 것만을 좋아하기 때문입니다.

恥謙卑, 好强梁.

그러므로 성인이 말하기를,

故聖人云:

아래 일을 말한 겁니다.

謂下事也.

"나라의 더러움을 감수하는 자가 사직의 주인이 될 사람이며,

受國之垢, 是謂社稷主;

임금이 나라의 더러움과 혼탁함을 감수하는 것을 마치 강이나 바다가 작은 물길도 거절하지 않는 것처럼 할 수 있다면, 사직을 길이 보존할 수 있으며 한 나라의 군주가 될 수 있습니다.

人君能受國之垢濁者, 若江海不逆小流, 則能長保其社稷, 爲一國之君主也.

나라의 상서롭지 못한 것을 감수하는 자가 천하의 왕이 된다"고
하였습니다.

受國不祥, 是爲天下王.

임금이 남의 잘못을 이끌어 자신에게 되돌릴 수 있고, 백성을 대
신하여 상서롭지 못한 재앙을 감수할 수 있다면, 천하의 왕이 될
수 있습니다.

人君能引過自與, 代民受不祥之殃, 則可以王天下.

바른 말은 마치 그릇된 것처럼 들리는 법입니다.

正言若反.

이러한 말은 바르고 곧은 말이지만, 세상 사람들은 이를 깨닫지
못하고 그릇된 말로 여깁니다.

此乃正直之言, 世人不知, 以爲反言.

제79장　　약속한 대로 맡김

임계(任契)

큰 원한을 화해한다 해도,

和大怨,

남을 죽인 자는 사형에 처하고 남에게 상처 준 자는 형벌을 받으
니, 서로 원한을 풀고 갚는 겁니다.

殺人者死, 傷人者刑, 以相和報.

반드시 원한은 남는 법이니,

必有餘怨,

형벌을 맡은 자는 인심을 잃고, 반드시 원한이 남아 다른 선량한 사람에게까지 미치게 됩니다.

任刑者失人情, 必有[餘]怨及於良人也.

어찌 잘된 일이라 할 수 있겠습니까?

安可以爲善?

한 사람이 탄식을 하면 하늘의 마음을 잃게 되니, 어찌 원한을 푸는 것이 잘된 일이라 할 수 있겠습니까? 하고 말한 겁니다.

言一人吁嗟, 則失天心, 安可以和怨爲善?

이 때문에 성인은 좌계(인식표와 같은 부절을 반으로 쪼갠 왼쪽 것)**를 쥐고 있을 뿐,**

是以聖人執左契,

옛날에 성인은 좌계를 쥐고서 부절(나무판에 내용을 쓰고 도장을 찍은 다음 반으로 쪼개어 상대방과 나누어 가진 다음 나중에 서로 맞추어 계약의 증거로 삼은 것)에 맞추어 보았습니다. 즉 문서나 법률이 없어도 좌계에 각인된 내용의 부절만 맞으면 믿었습니다.

古者聖人執左契, 合符信也. 無文書法律, 刻契合符以爲信也.

남을 문책하지는 않았습니다.

而不責於人.

다만 좌계에 새겨진 것을 믿었고, 부절 외의 다른 것으로 남을 문책하지 않았습니다.

但刻契爲信, 不責人以他事也.

덕을 갖춘 사람은 좌계만을 관장하지만,

有德司契,

덕을 갖춘 군주는 좌계를 믿어 관리하고 살필 뿐입니다.

有德之君, 司察契信而已.

덕이 없는 사람은 남이 실수한 것만을 살폈습니다.

無德司徹.

덕이 없는 군주는 그 좌계에 적힌 것을 믿지 못하고 사람들이 실수한 것만을 살폈습니다.

無德之君, 背其契信, 司人所失.

하늘의 도는 편애하는 일이 없지만, 항상 착한 사람과 함께합니다.

天道無親, 常與善人.

하늘의 도는 친애하거나 소원함도 없이 오직 착한 사람과 함께하니, 좌계만을 믿고 살피는 것과 같은 겁니다.

天道無有親疏, 唯與善人, 則與司契同也.

제80장　자족하며 홀로 섬

독립(獨立)

나라를 작게 여기고, 백성의 수를 적게 여기며,

小國寡民,

성인은 비록 큰 나라를 다스릴지라도 오히려 작게 여겨 근검절
약하고 사치하거나 태만하지 않습니다. 백성이 비록 많다 할지라
도 오히려 적게 여겨 그들을 수고롭게 하지 않습니다.

聖人雖治大國, 猶以爲小, 儉約不奢泰. 民雖衆, 猶若寡少, 不敢勞
之也.

백성들로 하여금 열 집 혹은 백 집 단위로 모여 살게 하고,

使[民]有什伯,

백성으로 하여금 열 집 혹은 백 집 단위의 부락으로 모여 살게
하니, 귀한 자든 천한 자든 서로 침범하지 않았습니다.

使民各有部曲什伯, 貴賤不相犯也.

백성들의 농기구를 아무 때나 징발하여 쓰지 않아야 합니다.

人之器而不用.

器(기)는 농부들의 농기구를 말합니다. 이불용(而不用)이란 백성
들을 징발하거나 소집하여 농사짓기 좋은 때(농번기)를 빼앗지 않
는다는 뜻입니다.

器謂農人之器. 而不用, 不徵召奪民良時也.

백성들로 하여금 죽음을 소중히 여기게 하고,

使民重死,

군주가 백성을 위해 이익을 진작시키고 해로움을 없애 각자가 살 터전을 얻게 하면, 백성들은 죽음을 소중하게 여기고 삶을 탐내게 됩니다.

君能爲民興利除害, 各得其所, 則民重死而貪生也.

멀리까지 이사 가지 않게 해야 합니다.

而不遠徙.

정치와 법령이 번거롭지 않으면 백성들은 편안하게 자신의 일에 종사하기 때문에, 늘 살아오던 곳을 떠나 멀리까지 이사 가지 않게 됩니다.

政令不煩則民安其業, 故不遠遷徙離其常處也.

그러면 비록 수레나 배가 있어도 탈 일이 없고,

雖有舟輿, 無所乘之;

맑고 고요히 무위자연하고, 번잡스럽거나 화려하게 꾸미지도 않으며, 놀고 즐기기 위해 들고나는 것을 좋아하지 않게 됩니다.

淸靜無爲, 不作煩華, 不好出入遊寙也.

비록 갑옷이나 병기가 있어도 진용을 갖추어 쓸 일도 없게 되며,

雖有甲兵, 無所陳之,

천하 세상에 원한이나 미워하는 일이 없기 때문입니다.

無怨惡於天下.

백성들로 하여금 다시 노끈을 묶어 결승문자를 쓰게 합니다.

使民復結繩而用之.

겉치레를 버리고 질박함으로 돌아가니, 서로 믿고 거짓이 없게
됩니다.

去文反質, 信無欺也.

그렇게 되면 백성은 자신의 음식을 달게 여기고,

甘其食,

자신의 나물밥을 달게 여기고, 다른 백성의 것을 빼앗아 먹지 않
게 됩니다.

甘其蔬食, 不漁食百姓也.

자신의 옷을 아름답게 여기며,

美其服,

자신의 헤진 옷도 아름답게 여기고, 오색찬란한 옷을 귀히 여기
지도 않게 됩니다.

美其惡衣, 不貴五色.

자신의 거처를 편안히 여기고,

安其居,

자신의 띠로 인 집을 편안히 여기고, 화려하게 꾸민 집을 좋아하

지 않게 됩니다.

安其茅茨, 不好文飾之屋.

자신의 풍속을 즐기게 됩니다.

樂其俗.

자신의 질박한 풍속을 즐기게 되니, 다른 곳으로 이사 가지 않게
됩니다.

樂其質朴之俗, 不轉移也.

때문에 이웃 나라가 서로 보이고, 닭이나 개 짖는 소리가 서로
들려도,

鄰國相望, 雞犬之聲相聞,

서로의 거리가 가깝다는 뜻입니다.

相去近也.

백성들은 늙어 죽을 때까지 서로 오가지도 않습니다.

民至老[死]不相往來.

백성들에게 오욕칠정이 없기 때문입니다.

其無情欲.

제81장 　삶의 질박함을 드러냄

현질(顯質)

믿음직스러운 말은 아름답지 않고,

信言不美,

믿음직스러운 말이란 그 내용과 같은 것이고, 아름답지 않다는 것은 소박하고 질박함을 말합니다.

信[言]者, 如其實也. 不美者, 朴且質也.

아름다운 말은 믿음직스럽지 못합니다.

美言不信.

아름다운 말이란 겉만 번지레하게 화려한 말을 뜻합니다. 믿음 직스럽지 못하다는 것은 꾸미고 거짓되어 다분히 빈말에 허황됨을 말합니다.

美言者, 滋美之華辭. 不信者, 飾僞多空虛也.

선한 사람은 말을 잘하지 않고,

善者不辯,

선하다는 것은 도로써 몸을 닦음을 뜻하고, 말을 잘하지 않는다 는 것은 화려하게 꾸며대지 않는다는 뜻입니다.

善者, 以道修身也. [不辯者], 不綵文也.

말을 잘하는 사람은 선하지 못합니다.

辯者不善.

말을 잘한다는 것은 교묘하게 말하는 것을 일컫습니다. 선하지 못하다는 것은 혀로 인해 근심을 만들어냄을 말합니다. 땅에 옥이 묻혀 있으면 그 산이 파헤쳐지고, 물속에 구슬이 있으면 연못이 더럽혀지며, 말을 잘하고 말이 많으면 자기 몸을 망치게 됩니다.

辯者, 謂巧言也. 不善者, 舌致患也. 土有玉, 掘其山; 水有珠, 濁其淵; 辯口多言, 亡其身.

아는 사람은 박식하지 못하고,

知者不博,

아는 사람이란 도를 아는 뛰어난 자를 말합니다. 박식하지 못하다는 것은 자신의 근본 마음인 원신(元神)을 한결같이 지키는 것을 뜻합니다.

知者, 謂知道之士. 不博者, 守一元也.

박식한 사람은 알지 못합니다.

博者不知.

박식하다는 것은 보고 듣는 게 많다는 것을 뜻합니다. 알지 못한다는 것은 참된 요체를 놓쳤다는 것을 의미합니다.

博者, 多見聞也. 不知者, 失要眞也.

성인은 재물을 쌓아 놓지 않고,

聖人不積,

성인은 덕은 쌓지만 재물을 축적하지 않고, 덕이 있으면 어리석은 자를 가르치고, 재물이 있으면 가난한 자들에게 나누어줍니다.

聖人積德不積財, 有德以敎愚, 有財以與貧也.

먼저 남을 위하여 하지만, 자신의 덕은 더욱 쌓이고,

既以爲人, 己愈有;

먼저 남을 위하여 덕으로 교화를 베풀지만 자신은 더욱 덕을 갖추게 됩니다.

既以爲人施設德化, 己愈有德.

먼저 남에게 주지만, 자신의 재물은 더욱 많아집니다.

既以與人, 己愈多.

먼저 남에게 재물을 베풀어주지만 재산이 더욱 많아지니, 마치 해와 달의 빛이 다함이 없는 것과 같습니다.

既以財賄布施與人, 而財益多, 如日月之光, 無有盡時.

하늘의 도는 이롭기만 할 뿐 해롭지 않습니다.

天之道, 利而不害.

하늘은 만물을 낳고 자애롭게 길러주고 키워줄 뿐 상하게 하거나 해롭게 하지 않습니다.

天生萬物, 愛育之, 令長大, 無所傷害也.

성인의 도는 남을 위할 뿐 다투지 않습니다.

聖人之道, 爲而不爭.

성인은 하늘이 베풀고 위하는 것을 본받아 교화를 이루고 일을 완수할 뿐, 천하 사람들과 공명을 다투지 않기 때문에 자신의 성스러운 공명을 온전히 할 수 있는 겁니다.

聖人法天所施爲, 化成事就, 不與下爭功名, 故能全其聖功也.

한자어원풀이

信言不美(신언불미) 란 "믿음직스러운 말은 아름답지가 않음"을 이른 것으로, "진실된 말은 소박하고 질박함"을 이르는 말입니다. 『도덕경』 제81장 서두에 나오는 말로 뒤이어 "아름다운 말은 믿음직스럽지 못합니다(美言不信)"고 했습니다. 이에 대해 하상공은 "믿음직스러운 말이란 그 내용과 같은 것이고, 아름답지 않다는 것은 소박하고 질박함을 말합니다. 아름다운 말이란 겉만 번지레하게 화려한 말을 뜻합니다. 믿음직스럽지 못하다는 것은 꾸미고 거짓되어 다분히 빈말에 허황됨을 말합니다"라고 주석하고 있습니다.

믿을 信(신) 은 서 있는 사람의 모양을 상형한 사람 인(亻)과 말씀 언(言)으로 이루어졌습니다. 言(언)은 입(口)에 나팔 모양의 악기(辛)를 대고서 소리를 낸다는 뜻을 담았는데, 言(언)이 들어가는 글자는 입을 통해 소리로 묘사하는 다양한 행동들을 나타내게 됩니다. 따라서 信(신)의 의미는 사람(亻)의 입을 통해 나오는 말(言)에는 '진실'이나 '믿음'이 있어야 한다는 약속 자(字)라 할 수 있습니다. 사람(亻)의 입을 통해 전달되는 말(言)이라는 데서 '소식'이란 뜻으로도 확장되었습니다.

말씀 言(언) 은 입(口)에 나팔 모양의 악기(辛)를 대고서 소리를 낸다는 뜻을 표현하였습니다. 言(언)에 대해 『說文』에서는 "직접 말하는 것을 言(언)이라 하고, 여러 사람이 토론하는 것을 語(어)라고 한다. 口(구)로 구성되었으며 자형상부의 건(辛의 하부에서 一이 빠진 글자)이 소리요소이다"라고 하였습니다.

아닐 不(불) 은 갑골문을 보면 '나무뿌리'와 같은 모양인데, 허신이 『說文』에서 "不은 새가 하늘로 날아올라가 땅으로 내려오지 않는다는 뜻이다. 一(일)로 구성되었으며, 一(일)은 하늘을 뜻하며 상형글자다"라고 한 이래 '하늘로 날아가 내려오지 않은 새'로 해석하는 게 일반적입니다. 그래서 부정을 뜻하는 '아니다'라는 부사로 가차되어 쓰이고 있습니다.

아름다울 美(미) 는 두 개의 뿔과 털에 감싸인 통통한 몸집을 지닌 양의 모습을 상형한 양 羊(양)과 큰 대(大)로 이루어져 있습니다. 大(대)는 두 팔을 활짝 편 사람의 모습을 담아 사람의 몸짓으로 나타낼 수 있는 가장 커다란 모양, 즉 크다는 의미를 부여했죠. 일반적으로 아름다운 무늬를 띤 새의 깃털이나 양의 탈(羊) 등으로 머리를 장식한 사람(大)을 이르러 '아름답다'고 했지만, 제사문화와 관련지어 유추해 보면 상서로운 동물로 여긴 양(羊)을 제물로 바칠 때는 크고 통통(大)한 놈을 '아름답게' 여겨 제상(祭床)에 올렸었죠. 동서양의 오래된 미인도에 나타난 미인의 특징은 '크고 통통함'이었는데, 이를 통해 당시에 쓰인 미의 뜻을 유추할 수 있습니다.